BIBLIOTHÈQUE DE
LA REVUE DE
PHOTOGRAPHIE

C. PUYO - E. WALLON

POUR LES DÉBUTANTS

PARIS
PHOTO-CLUB DE PARIS
44, Rue des Mathurins
1904

BIBLIOTHÈQUE
DE LA REVUE DE PHOTOGRAPHIE

C. PUYO = E. WALLON

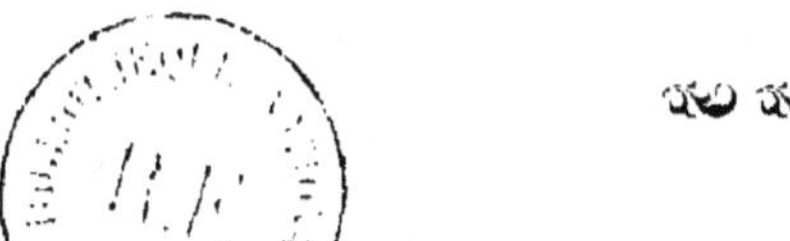

POUR LES DÉBUTANTS

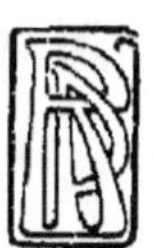

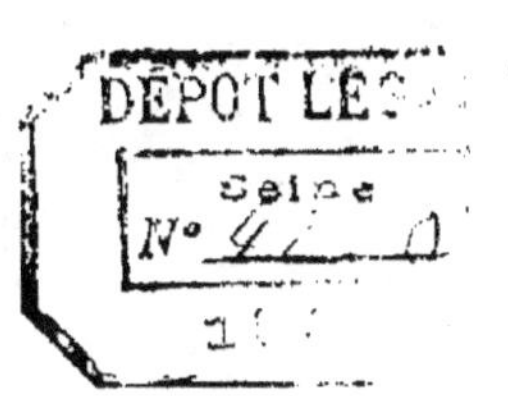

PARIS
PHOTO-CLUB DE PARIS
44, Rue des Mathurins
1904

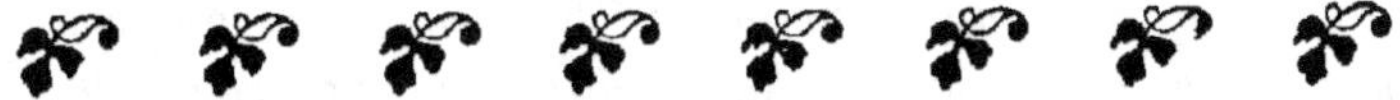

AVANT-PROPOS

Tout débutant se trouve avoir à résoudre pratiquement une série de problèmes qui touchent à la science, à l'art et au métier. Sur leur position même, il n'a que des notions assez confuses ; sur la manière de les aborder, il trouve dans les livres, ou reçoit de toutes mains, des indications, souvent contradictoires, dont l'abondance lui est plutôt un embarras qu'un secours. Dégager et définir, aussi brièvement et aussi nettement que possible chacune de ces questions essentielles, puis, parmi les solutions qu'elle comporte, présenter celle que l'expérience nous fait regarder comme la plus simple, telle est, en deux mots, la tâche que nous voulons poursuivre, en douze chapitres très courts, avec la ferme résolution de rester à la portée de tous.

Ce petit livre n'est donc pas un traité, ni même un manuel : on pourrait plutôt, évoquant le souvenir d'un titre célèbre, l'appeler une « Introduction à la vie photographique ».

En nous offrant comme guides, nous ne nous engageons pas, comme déjà l'ont fait tant d'autres, à conduire nos lecteurs jusqu'au but comme par la main, leur montrant une à une et leur faisant successivement surmonter, sans peine comme sans mérite, toutes les difficultés de la route. Mais nous leur dirons les chemins qu'il faut choisir, ceux que nous savons être les moins ardus et les plus sûrs.

Nous ne voulons point, cependant, après les avoir ainsi orientés, les laisser sans aide et sans direction : il est bon qu'à chaque carrefour, pour ainsi dire, ils trouvent, pour assurer leur marche, des indications précises et des conseils nettement formulés.

D'autres volumes suivront donc celui-ci, également modestes, également concis, et qui, pour n'être pas tous signés des mêmes noms, n'en seront pas moins animés du même esprit : les questions techniques y seront examinées à leur tour : les problèmes y seront traités au point de vue de leur solution pratique. Ainsi se formera peu à peu la Bibliothèque de la Revue de Photographie.

Puisse déjà cet opuscule, qui lui sert en quelque sorte de base, être une aide efficace à ses jeunes lecteurs, en facilitant leurs premiers essais, et en retardant leurs premiers déboires. Puisse-t-il même offrir à de moins inexpérimentés quelque intérêt, à de plus désabusés quelque réconfort.

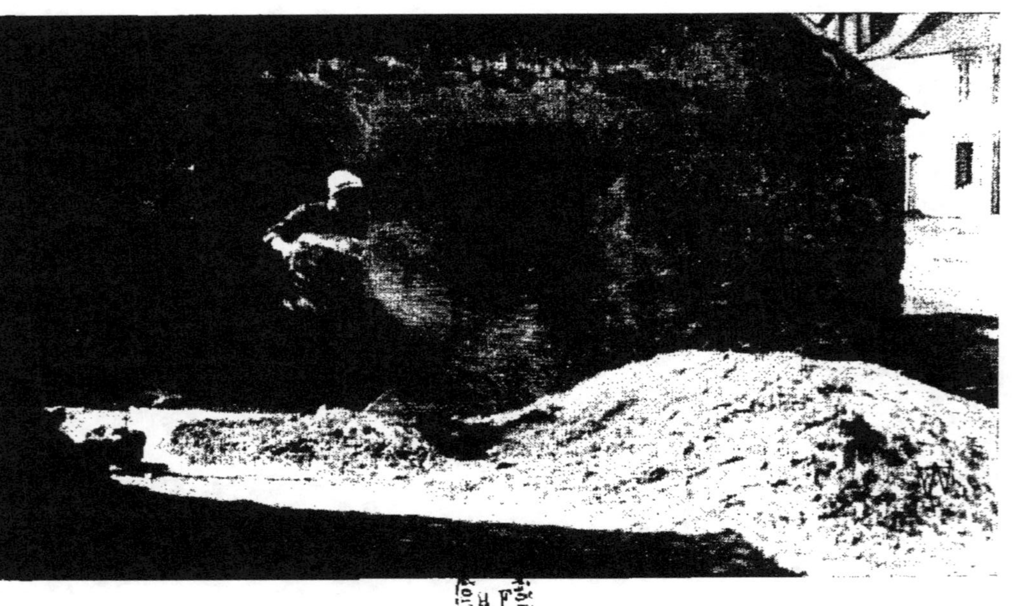

LA VANNEUSE

E. WALLON.

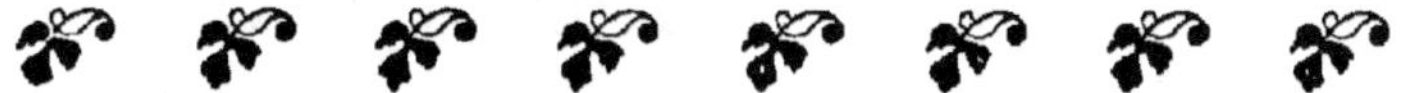

L'OBJECTIF

L'objectif est, pour les photographes, l'outil essentiel. Il est vrai qu'on leur en prêche parfois l'abandon, et qu'il se trouve périodiquement un homme ingénieux pour découvrir qu'un simple petit trou peut donner des images : le malheur est qu'il faut un artiste exercé pour faire de ces images-là quelque chose de bien ; nous nous garderions de donner à des débutants le conseil d'en tâter ; pas plus, d'ailleurs, que nous n'oserions leurs recommander l'emploi des lentilles simples — que pourtant nous apprécions fort. Se servir d'un outil systématiquement ou naturellement défectueux, et se jouer de cette imperfection, chercher même à en tirer avantage, c'est, à n'en pas douter, chose fort intéressante et tentative très louable, mais ce n'est pas besogne d'apprenti !

Donc, ceux qui voudront bien nous en croire se muniront d'un véritable objectif ; et, tout de suite, ils le prendront bon. Seulement, que faut-il entendre par « bon objectif », et sur quoi peut-on se fonder pour faire un choix ? C'est ce que nous allons tâcher d'élucider dans ce premier chapitre.

Un objectif, c'est, de façon générale, un assemblage de lentilles sphériques, réunies dans une même monture, centrées sur un même axe : un diaphragme, jouant le rôle que remplit, dans l'œil, l'iris avec la pupille, permet d'en réduire à volonté l'ouverture ; tantôt ce diaphragme est placé extérieurement — et l'on dit alors que l'objectif est *simple*, quelle que soit d'ailleurs sa complexité ; tantôt il est logé à l'intérieur, dans l'intervalle qui sépare deux lentilles — et dans ce cas l'objectif est dit *composé*. En dehors d'un nom générique, plus ou moins bizarre, qui rappelle le mode de construction, met en évidence la qualité dominante, énonce le genre de travaux auquel l'instrument est particulièrement destiné, ou bien enfin ne signifie rien du tout, un objectif est caractérisé par sa *distance focale*, son *diamètre d'ouverture* et les *dimensions de l'image* qu'il peut fournir.

La distance focale — on dit parfois, pour abréger, le *foyer* — définit la *puissance* de l'instrument : c'est la distance à laquelle il faut le placer, en avant d'une glace dépolie ou d'une surface sensible, pour qu'il y donne l'image nette d'objets infiniment, ou du moins extrêmement, éloignés ; cette distance se compte à partir d'un point qui, le plus souvent, est très voisin du diaphragme.

Du diamètre d'ouverture, comparé à la distance focale, — c'est ce qu'on nomme le *diamètre relatif* — dépend la *luminosité ;* quand on dit qu'un objectif est ouvert à 1/8, ou à f/8, on entend que le diamètre d'ouverture est égal au huitième de la distance focale ; la luminosité varie comme le carré de ce rapport, et devient quatre fois plus petite, par exemple, lorsqu'il devient deux fois moindre. On indique, en général, pour chaque objectif, sa valeur maximum, et il faut noter qu'elle est toujours, pour un objectif composé, un peu supérieure à celle que l'on calculerait si l'on prenait le diamètre réel du plus grand diaphragme.

Enfin les dimensions de l'image, avec la distance focale, fixent l'*angle* embrassé par l'instrument. Depuis une dizaine d'années, les opticiens ont pris l'habitude excellente d'être très scrupuleux dans ces indications : la surface qu'ils donnent comme couverte par un objectif est en général, avec les types modernes — je veux dire ceux qu'on appelle du nom commun d'anastigmats, — réellement et nettement couverte avec la plus grande ouverture de diaphragme. La règle, à laquelle il est fort souhaitable qu'on ne renonce pas pour l'avenir, ne s'étend pas aux types antérieurs : il était autrefois à peu près admis en principe que l'ouverture maximum ne pouvait être utilisée que de façon exceptionnelle.

La disposition des lentilles, leur forme, leur épaisseur, la nature même des verres où elles sont taillées, varient beaucoup d'un instrument à un autre. Au problème que, depuis soixante ans, poursuivent les opticiens, des solutions très diverses ont été proposées, dont aucune n'est complète, dont beaucoup sont en somme satisfaisantes ; rappelons brièvement en quoi il consiste.

Montons sur une chambre noire une simple lentille, qui soit un peu forte et un peu grande en même temps : installons-nous devant un grand bâtiment, sans trop nous en approcher ; puis, bien encapuchonnés sous le voile, examinons à notre aise l'image qui se forme sur le verre dépoli : nous avons tout d'abord choisi pour celui-ci une position telle qu'au centre l'image soit nette, autant que possible. Là, nous trouvons des détails assez précis, et un dessin correct ; mais très vite, en allant vers les bords, nous voyons la netteté s'altérer et disparaître, pour faire place au trouble et à la confusion ; en même temps, nous nous apercevons que les lignes droites du bâtiment se déforment, et prennent une courbure qui va s'accentuant. Nous pouvons bien, en resserrant le diaphragme, étendre quelque peu la netteté, réduire, entre le centre et les bords, le contraste qui nous choquait ; mais l'image, claire et brillante au début, s'obscurcit et s'éteint : bien avant d'avoir atteint à l'homogénéité qu'il nous faudrait obtenir, elle a perdu tout son éclat ; jamais, d'ailleurs, elle ne deviendrait bonne aux bords extrêmes. Ce n'est pas tout : si nous substituons exactement à la glace dépolie une plaque sensible, ce qui s'y imprime est partout mauvais.

Il s'agit, en associant plusieurs lentilles, qui s'aideront, se compenseront, se corrigeront mutuellement, de supprimer tous ces défauts : un objectif parfait devrait en être parfaitement affranchi ; s'ils s'atténuent au point de ne pas nous gêner, nous aurons un bon objectif.

Il faut malheureusement, pour en arriver là, satisfaire en même temps à des conditions qui ne sont pas toujours conciliables ; et si l'on est, aujourd'hui, arrivé assez près du but, c'est au prix de bien des années de labeurs, de tâtonnements et de calculs : même à l'heure actuelle, malgré tant d'expérience accumulée, l'établissement d'un bon objectif représente une somme considérable de travail et de recherches : il ne faut donc pas trop s'étonner de ce que les opticiens nous fassent payer si cher une si petite masse de verre et de laiton.

Nous avons dit qu'il n'y avait pas de solution complète, et il n'est pas à croire qu'il puisse jamais y en avoir une : on a dû, ou bien renoncer à quelques qualités pour en exalter d'autres, — et l'on a obtenu de la sorte des instruments qui, excellents pour certains travaux, ne conviendraient pas à tous — ; ou bien, au contraire, pour avoir des combinaisons qui fussent toujours utilisables, satisfaire à peu près à toutes les conditions sans en remplir parfaitement aucune, — et l'on est arrivé ainsi à ce qu'on peut appeler des objectifs de type moyen.

C'est au premier groupe que s'adressera le photographe exercé, soit qu'il borne ses efforts à un genre particulier d'opérations, soit qu'il ne recule pas devant l'acquisition d'un matériel complet, et forcément coûteux : il choisira l'outil d'après la tâche.

Au débutant, il faut un instrument unique avec lequel il puisse s'attaquer peu à peu à tous les genres, et chercher sa voie ; c'est au second groupe qu'il le demandera.

Pour lui, le bon objectif est celui qui, avec une ouverture encore assez grande pour que l'image soit claire et brillante, pourra reproduire correctement, nettement — mais sans sécheresse — et de façon homogène sur une assez grande étendue, le dessin d'un modèle plan, suffisamment éloigné ; qui le donnera de même soit sur une glace dépolie, soit sur une surface sensible qui s'y sera exactement substituée ; où le diaphragme sera, non plus un correctif nécessaire à l'imperfection de l'outil, mais un organe dont le photographe a la libre disposition, qu'il peut ne pas faire intervenir, et qui lui permet de faire varier à son gré la netteté des plans successifs.

On peut trouver un tel instrument soit dans les *objectifs simples*, soit dans les *objectifs rectilinéaires*, soit surtout dans les *anastigmats*.

L'objectif simple, en principe, n'a pas une grande luminosité ; il n'embrasse nettement qu'un angle assez restreint, et il déforme les lignes sur les bords de l'image. Mais en se limitant aux types les plus récents, à ce qu'on appelle des lentilles *anastigmatiques*, ces trois défauts sont assez atténués pour n'être plus bien sensibles.

L'objectif rectilinéaire, souvent appelé — à tort du reste — aplanétique, partage avec le précédent une qualité fort appréciable, celle de n'être pas trop coûteux : il ne donne aucune déformation, et peut embrasser nettement un angle assez grand ; mais si nous voulons reproduire un modèle plan, ou simplement un ensemble d'objets éloignés, nous devrons, pour avoir une image homogène, faire intervenir le diaphragme, et réduire notablement la luminosité : car, avec une grande ouverture, la surface d'image n'est pas plane.

Le plus grave défaut des anastigmats, c'est leur prix relativement élevé ; mais, sans plus de déformation que les rectilinéaires, et dans un angle aussi grand, ils donnent, avec une luminosité très supérieure, une image qui est homogène. Ils l'emportent donc, sans conteste ; et c'est parmi eux qu'il faudra choisir, s'adressant de préférence à ceux qui sont dédoublables : leurs combinaisons élémentaires, isolément corrigées, peuvent être utilisées seules, et jouer le rôle d'objectifs simples, avec une puissance et une luminosité à peu près deux fois moindres que celles de l'instrument tout entier.

Il nous reste encore à voir ce que nous devrons demander comme ouverture et comme dimensions de surface couverte ; ce qu'il nous faudra préférer comme distance focale.

Plus est grande l'ouverture relative, plus nous sommes maîtres de la lumière ; nous pouvons réduire le temps de pose, saisir des modèles à mouvements plus rapides, nous moins préoccuper de l'heure et de l'état du ciel : mais l'usage de l'instrument devient plus délicat, surtout s'il est monté sur un appareil à main. Une valeur comprise, pour le diamètre relatif, entre 1/6 et 1/8, est celle qui paraît le plus convenable ; ceux que n'arrête pas la question somptuaire peuvent parfaitement, d'ailleurs, aller plus loin et prendre un anastigmat de grande clarté ; mais ils feront bien, au début, d'y laisser à poste fixe un diaphragme qui en réduise un peu l'ouverture.

L'objectif choisi doit couvrir de façon homogène, avec son plus grand diaphragme, la surface à laquelle il est destiné ; et, avec une ouverture assez forte encore, une étendue notablement supérieure, de telle sorte que l'on puisse, au besoin, le décentrer d'une certaine quantité : si, par exemple, il couvre 13 × 18 avec un diamètre relatif de 1/7, il doit, avec 1/10, donner une image homogène au moins sur 15 × 21.

Il n'est pas bon, en règle générale, que la distance focale soit inférieure au plus grand côté de l'image : il serait même mieux qu'elle lui fût supérieure. Si le photographe opère à la main, comme une distance focale plus courte est commode au point de vue de l'encombrement et avantageuse en ce qui concerne la facilité d'emploi, il pourra, pour l'angle embrassé, accepter une valeur un peu trop grande. S'il se sert d'un appareil sur pied, qui lui permet de faire à loisir la mise au point, il devra préférer un objectif de foyer plus long. Il y aurait grand bénéfice à pouvoir faire varier à son gré la distance focale, et le téléobjectif satisfait assez bien à cette condition, mais ce n'est pas un instrument de début ! En prenant, comme nous l'avons conseillé, un anastigmat dédoublable, on dispose tout au moins de deux ou même de trois puissances différentes, et l'on s'en trouvera fort bien, surtout pour la photographie de paysage : il n'est pas besoin d'aller jusqu'aux trousses, qui laissent plus de choix encore, mais dont le maniement demande quelque expérience.

Nos lecteurs exigeront, sur l'objectif dont ils feront l'acquisition, une signature d'opticien. Il n'est pas utile du tout que ce soit celle d'un opticien étranger : les types dont nous leur conseillons le choix sont actuellement construits, par plusieurs maisons françaises, tout aussi bien que par les meilleurs fabricants étrangers. Mais cette signature est une garantie nécessaire ; l'objectif moderne est un instrument de précision, et le constructeur en doit prendre la responsabilité.

Ils voudront aussi que l'instrument soit muni d'un parasoleil, c'est-à-dire que la monture forme, en avant de la lentille frontale, une saillie suffisante : c'est une protection nécessaire contre la lumière ambiante, qui tend à venir troubler et voiler les images. Ils veilleront enfin à ce que le jeu des diaphragmes soit facile, sans être lâche.

Et puis, quand ils auront l'objectif entre les mains, ils l'étudieront, ils le tâteront, cherchant à voir ce qu'on peut lui demander, quelles sont pour lui les meilleures conditions de travail ; ils se familiariseront avec lui, apprenant à bien connaître ses qualités, pour les mettre en valeur, et ses défauts, pour en éviter l'influence. Ils l'entretiendront aussi, avec un soin jaloux, débarrassant sa surface, avec un pinceau doux, des poussières qui s'y déposent, et, avec un linge fin, des buées qui s'y condensent ou des traces qu'y laissent les doigts ; prenant garde toujours d'en altérer, par des rayures ou par des heurts, le poli, qui est délicat, et le centrage, qui ne l'est pas moins. S'ils sont un jour amenés à le démonter, ils apporteront à tout bien remettre en place la plus grande attention ; serrant assez les lentilles pour qu'elles soient immobilisées, ne les serrant pas trop, de peur qu'elles ne soient comprimées.

Nous avons dit, à la première ligne de ce chapitre, que l'objectif était, pour les photographes, l'outil essentiel ; nous serions tentés d'ajouter, à la dernière, que ce doit être pour eux comme un ami.

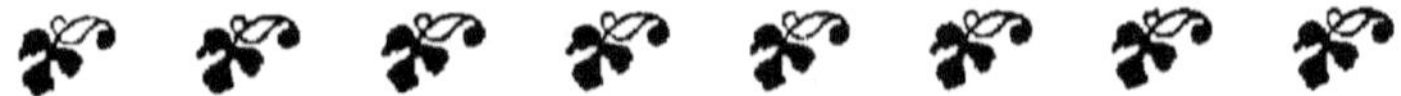

L'APPAREIL A PIED

La question suivante nous est souvent posée : « Je voudrais faire de la photographie ; quel appareil me conseillez-vous d'acheter ? » Une telle question manque de précision, et ne comporte pas de réponse nette, par cette raison simple qu'il n'existe pas d'appareil à tout faire, et que le progrès tend sans cesse à spécialiser de plus en plus les instruments de travail.

Pour satisfaire aux divers besoins du photographe, un grand nombre de modèles de chambre noire ont donc été successivement créés. On peut ramener ces modèles à deux : le modèle lourd, c'est-à-dire la *chambre d'atelier*, de grand format, à deux ou trois corps, permettant un très long tirage, portée sur un pied massif, destinée par suite à demeurer entre quatre murs, et le modèle léger dit *chambre de voyage*.

Le débutant n'a que faire d'une chambre d'atelier ; il choisira donc dans la deuxième catégorie. Celle-ci comprend deux types bien distincts :

1° La *chambre de voyage* proprement dite, dérivée du modèle présenté par Jonte en 1879 ; c'est la chambre classique à queue pliante, munie d'un soufflet tournant, du format 9×12, 13×18, 18×24 ou au-dessus ; elle possède un assez fort tirage qui permet d'y adapter des objectifs variés, soit à court, soit à long foyer, et elle exige l'emploi d'un pied.

2° La *chambre à main*, celle-ci d'un format égal ou inférieur au 9×12, faite presque toujours pour un objectif déterminé, lequel est généralement un anagstigmat de foyer court. Destiné à la photographie instantanée et construit pour cet objet, l'appareil peut se passer d'un support. Toutefois, comme nous l'indiquerons plus tard, l'usage du pied sera toujours avantageux, dans tous les cas où il sera possible. Cette catégorie comprend un nombre inouï de modèles aux noms pittoresques : jumelles, kodaks, détectives, etc. ; et le prix en varie de 1 franc à 1.000 francs.

Entre les deux types, très caractérisés, que nous venons d'indiquer, se place un modèle de caractère mixte, la chambre *folding*, qui a les avantages et les défauts des instruments à tout faire.

De par une coutume fortement établie, c'est dans une chambre à main que le débutant doit brûler ses premières plaques. Deux causes expliquent, sans la justifier, une tradition aussi déplorable : d'abord, en raison de l'abaissement de son prix, le détective vulgaire est devenu un joli cadeau à faire à un enfant ; ensuite il est admis dans le monde que la photographie instantanée est d'une pratique aisée, à la portée de tous : car il suffit, n'est-ce pas, de presser un bouton, sans s'occuper du reste.

De là une conséquence regrettable : le jeune élève est mal commencé, comme disent les pédagogues : tel un pianiste hypothétique qui n'aurait jamais fait de gammes. Abordant la photographie sans en connaître les premiers rudiments, son œil va se fausser à regarder avec complaisance des produits innommables, silhouettes de couleur noire ou gris sale, qui défilent le long des pellicules en fantastiques théories. Après quoi, de deux choses l'une : ou il se déclarera satisfait, et viendra grossir l'armée des gâcheurs de plaques et de films ; ou son œuvre lui paraîtra misérable, et il abandonnera la partie.

Mieux avisé sera le débutant qui, persuadé que rien ne s'improvise en ce monde, pas même un artiste photographe, voudra bien commencer par le commencement, et se munir tout d'abord d'un appareil ordinaire, de dimension moyenne. Il apprendra par lui l'art de choisir un motif et de le mettre correctement en plaque, la science de la mise au point, le maniement du diaphragme, du décentrement et de la bascule ; appelé à opérer dans des milieux différents, à varier, par suite, le temps d'exposition suivant l'éclairage, il sera contraint d'étudier le développement rationnel de la plaque sensible, le rôle joué par les divers éléments du bain révélateur, de rechercher comment on augmente ou l'on diminue les oppositions dans un cliché ; bref, par la force des choses, il apprendra son métier et son art, et fera œuvre intelligente.

Après cela, il lui sera loisible de s'attaquer aux difficultés et, en particulier, à celles qu'offre la photographie instantanée ; alors il se procurera un appareil à main, et son outillage sera ainsi heureusement complété.

Car chambre ordinaire de voyage et appareil à main ne peuvent se substituer l'un à l'autre, et doivent se partager la besogne. Par son long tirage, par sa stabilité, par son mécanisme en général, la première convient spécialement à l'étude de la figure et du paysage : ces genres exigent, en effet, des objectifs à long foyer : l'étude de la figure pour éviter les déformations des lignes, le paysage pour assurer la perspective aérienne. L'appareil à main, également spécialisé de par sa construction, est apte seulement au croquis de voyage, à la prise des scènes de rue, à la photographie des monuments de taille moyenne ; il ne se prête pas du tout au portrait à cause de son trop faible tirage et, d'une façon générale, se prête mal à l'étude du paysage, son objectif de court foyer ayant, aux ouvertures habituelles, une profondeur de champ qui assure à tous les plans une égale netteté. Pour retrouver la perspective aérienne dans l'emploi des courts foyers, il faut user des objectifs à *très grande ouverture,* — plus grande que f : 8 — et procéder à une mise au point rationnelle sur la glace dépolie.

Ceci dit, parlons d'abord du premier instrument, la chambre ordinaire de voyage. La première question qui se pose est celle du format à adopter. Le format 9 × 12 est insuffisant : c'est déjà un format de chambre à main ; viennent ensuite les deux grandeurs 13 × 18 et 18 × 24. Nous pensons que le 18 × 24 doit être préféré : un appareil de cette dimension peut servir de chambre d'atelier et de chambre d'agrandissement ; son long tirage permet l'emploi des objectifs à portraits et des objectifs à long foyer en général ; le matériel n'est pas beaucoup plus cher que le matériel 13 × 18, ni beaucoup plus lourd ; et, en plaçant des intermédiaires dans les châssis, on peut l'utiliser pour tous les formats inférieurs.

Si on compare le prix de ces chambres à celui des appareils à main perfectionnés, on trouve qu'il est relativement peu élevé. Des modèles dits anglais, merveilles d'ébénisterie, aux modèles faits à la grosse, le choix est grand; on pourra s'arrêter aux appareils de prix moyen, établis sans luxe, mais soigneusement et solidement construits. Le débutant trouvera dans tous les manuels les détails de l'examen qu'il pourra, s'il le juge à propos, faire passer à sa chambre noire afin d'en vérifier la construction correcte. Le soufflet en peau n'est pas supérieur au soufflet en toile, mais le châssis à rideau doit être préféré aux autres. En général, dans ces appareils, la planchette d'objectif peut se décentrer dans les deux sens, ce qui est nécessaire, comme nous l'indiquerons dans un chapitre ultérieur; un niveau d'eau devra permettre de placer la chambre d'aplomb. Souvent les appareils à bas prix ne sont pas munis de la bascule; celle-ci constitue cependant une disposition très avantageuse, puisqu'elle permet d'assurer la mise au point simultanée sur des plans différents sans avoir recours au diaphragme. Citons, à titre d'exemple, le sujet reproduit en hors texte à la page 24. La tête du modèle d'une part, les estampes d'autre part sont à des places très différentes; pour que la tête et le groupe des estampes du premier plan fussent nets tous deux, il faudrait diaphragmer très fortement l'objectif. La bascule permet d'éviter cet emploi désavantageux d'un petit diaphragme; il suffira d'incliner la glace dépolie (ou la planchette avant qui porte l'objectif) pour que cette glace reçoive les deux images nettes simultanément. On agira souvent de même dans le cas du portrait d'une personne assise; on basculera pour que les genoux, placés en avant, se dessinent sur la plaque avec netteté lorsqu'on met au point sur la tête. Un problème semblable se présente presque toujours dans le paysage, où il faut que le premier plan et que le plan d'intérêt soient également d'un dessin ferme, tandis que les lointains demeureront flous. On est donc amené à basculer pour assurer la netteté du premier et du second plan, et le diaphragme sert ensuite à donner aux lointains le degré de netteté atténuée qui convient.

La chambre dont nous parlons n'est pas faite pour la prise d'instantanés rapides, mais il importe de pouvoir l'utiliser pour les instantanés lents qui sont d'usage courant dans l'étude du paysage. Le bouchon d'objectif ne suffit donc pas, et l'appareil devra être complété par un obturateur de construction simple et rustique ; celui-ci sera placé soit sur le parasoleil de l'objectif, soit, ce qui vaut beaucoup mieux, afin d'éviter les vibrations, en arrière de l'objectif, sur l'avant de la chambre. On choisira cet obturateur parmi les types dits à volet, ou à rideau, ou à guillotine, ou à secteur tournant, à l'exclusion de ceux qui s'ouvrent par leur centre au moyen d'un mouvement d'iris. Ces derniers ne peuvent s'employer que placés à l'intérieur de l'objectif, entre les lentilles, sans quoi ils donnent sur l'image une tache centrale ; or, on a toujours avantage quand on le peut, et c'est ici le cas, à ne pas modifier la monture d'un objectif. L'obturateur que nous conseillons présente, en outre, l'avantage de pouvoir servir à des objectifs divers.

Tout cela fait, il ne restera plus au débutant qu'à se munir d'un solide pied à trois branches et d'un bon sac.

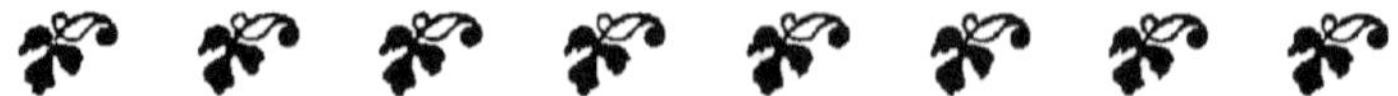

L'APPAREIL A MAIN

Le nombre des appareils à main est énorme, presque illimité; et il s'en crée tous les jours, pour obéir à la loi du progrès ou seulement aux désirs changeants des amateurs. Essayons de mettre un peu d'ordre dans la question.

On peut classer ces divers instruments d'après leur puissance, — le plus puissant étant celui qui permet d'obtenir avec la pose la plus courte une image complète et détaillée, — d'après leur forme, ou enfin d'après leurs dimensions.

1° La puissance. — Elle varie entre des limites très écartées: depuis le modeste détective muni d'un objectif simple fortement diaphragmé et d'un obturateur d'objectif à deux ou trois vitesses, jusqu'à la jumelle de luxe où l'emploi d'un anastigmat à très grande clarté, et d'un obturateur de plaque à très grand rendement, permet de faire osciller le temps de pose entre 1/40 et 1/4000 de seconde, — sinon plus, — il existe toute une série, presque continue, d'appareils à puissance croissante, dont le coût va croissant aussi, sans que la proportion soit toujours très bien gardée!

Si les ambitions du débutant et ses ressources sont également limitées, il fixera son choix sur un instrument de prix moyen, pas trop bas cependant, muni d'un objectif dont l'ouverture soit comprise entre f: 7 et f: 9, et d'un obturateur à vitesses variées. Avec cela, il ne pourra pas tout faire, mais il lui sera loisible de pratiquer l'instantané de plein air à peu près par tous les temps, et de saisir les mouvements de rapidité moyenne.

Il semble qu'aujourd'hui l'obturateur de plaque gagne en faveur sur l'obturateur d'objectif; et cela est rationnel. D'autre part, les opticiens se mettent à construire des anastigmats dont l'ouverture dépasse notablement f: 7, sans que le prix soit plus élevé, et dont la profondeur de champ est encore assez grande, dans les courts foyers, pour qu'on puisse se contenter de la mise au point un peu approximative qui est de pratique courante.

A en juger par les tendances qui s'accusent de plus en plus, le type moyen de l'appareil à main se trouvera sous peu caractérisé par l'emploi d'un objectif où l'ouverture sera voisine de f: 6, et d'un obturateur de plaque à grand rendement.

2° La forme. — Deux formes sont en usage : la forme rigide, dans les détectives, dans les jumelles, dans certains modèles de kodaks; la forme pliante, dans les chambres dérivées du type folding. La forme rigide assure à l'appareil une plus grande solidité et permet un ajustage plus minutieux; c'est la forme des appareils de grande précision. L'instrument est, en outre, bien en main, toujours prêt à l'emploi sans manœuvres préalables. En revanche, il est plus encombrant et, en particulier, la forme en pointe de la jumelle ne permet pas un fort décentrement.

La chambre pliante a les qualités et les défauts inverses. Il est à remarquer qu'elle est très répandue chez les étrangers, tandis qu'un touriste rencontré une jumelle aux flancs peut être tenu *a priori* pour Français. C'est dire que le choix entre ces deux formes est beaucoup affaire de goût et de mode. Il semble cependant que l'appareil pliant soit chez nous en train de détrôner la jumelle, ou tout au moins le détective. C'est que les questions de volume et de poids sont des plus importantes en ces matières; elles sont d'ailleurs liées à la question de format, qui nous reste à envisager.

3° **Le format.** — Depuis l'origine, récente du reste, des appareils à main, leur format est allé en augmentant. Partis du 4 1/2 × 6, les constructeurs ont établi successivement les modèles 6 1/2 × 9, 8 × 9, 8 1/2 × 10, 9 × 12, puis les modèles stéréoscopiques, arrivant ainsi à un poids qu'une épaule d'amateur supporte impatiemment. De là une réaction naturelle, et les constructeurs sont en train de redescendre docilement l'échelle des formats. C'est qu'en effet la question offre un double aspect; de là les oscillations de la mode. Seuls les formats 8 1/2 × 10 et 9 × 12 donnent des épreuves qui, pour être regardées, n'exigent pas d'avoir été préalablement agrandies; agrandir est une opération ennuyeuse et coûteuse, donc prenons un 9 × 12; mais, d'autre part, un appareil assez petit pour se mettre en poche est bien commode, surtout en voyage, donc prenons un 4 1/2 × 6. C'est la situation de l'âne de Buridan, c'est celle de l'amateur photographe ; et il ne pourra s'en tirer que par un coup d'état de la volonté, quitte à regretter plus tard sa décision et à enrichir dès lors, par des achats alternés, l'industrie nationale — ou l'industrie étrangère.

La conclusion de ce bref exposé est que le débutant devra, pour arrêter son choix, consulter son goût personnel, la force de ses épaules, et aussi son genre de vie. Est-il grand voyageur? il envisagera avant tout le poids de l'approvisionnement à emporter dans ses bagages, et choisira un petit format. Est-il sédentaire? Place-t-il les colonnes d'Hercule dans les bois de Saint-Cloud et de Meudon? Une jumelle 9 × 12 ne lui sera pas trop lourde. Nous ne pouvons donc lui conseiller un appareil déterminé, mais en revanche nous pourrons énumérer les divers aménagements dont l'appareil, quelle que soit son espèce, devra être pourvu.

Décentrement. — Et d'abord il devra être muni du décentrement dans les deux sens. En effet, dans la généralité des cas, la position horizontale de l'appareil sera une nécessité. Or, dans cette position, la ligne d'horizon se trouve placée à égale distance des deux bords horizontaux du tableau, et cette place est toujours défectueuse, au point de vue esthétique comme au point de vue pratique. Photographiez-vous un monument? la moitié de votre plaque sera occupée par l'image de pavés sans intérêt. Voulez-vous saisir un personnage rapproché? la tête dudit personnage sera au centre de la plaque, — et ses pieds en dehors du cadre. Presque toujours, nous aurons un avantage évident soit à relever, soit à rabaisser la ligne d'horizon, ce que nous ne pourrons faire, sous peine de déformation, qu'en décentrant l'objectif.

Viseur. — Le viseur devra être assez grand et assez clair pour permettre une mise en plaque exacte et rapide du sujet ; car il faut souvent ici agir vite, saisir l'instant propice où le tableau se compose bien. Aussi les viseurs donnant une vue indirecte et une image très réduite du sujet ne sont-ils pas à recommander. On leur préférera les viseurs directs composés d'un cadre et d'un œilleton. Ceux-ci, du reste, sont les seuls qui permettent de modifier la ligne de visée pour tenir compte du décentrement, chose nécessaire. Ajoutons enfin que la tenue de l'appareil à hauteur de l'œil semble la plus rationnelle.

Obturateur. — Quel que soit le système adopté pour l'obturateur, celui-ci devra être assez élastique et permettre, en particulier, l'emploi des vitesses lentes : ce sont, pour un débutant surtout, les plus utiles. L'écueil à éviter, en photographie instantanée, est en effet la sous-exposition, qui fausse les valeurs, donne des clichés durs et enterre les ombres.

La chose paraît évidente *a priori* : il n'est pas rare pourtant de trouver des amateurs qui se croient toujours en danger d'excès de pose, et accusent leur appareil, trop lumineux à les entendre, — c'est souvent le vendeur qui le leur a soufflé, — de voiles qui ne sont dus qu'à un développement brutal et mal conduit.

En règle générale, et surtout si l'on ne fait pas usage d'objectifs extraordinairement ouverts, la grande habileté consiste à ne jamais réduire la pose plus que ne l'exige la mobilité du sujet.

Châssis et Magasins. — Dans la chambre à main, les plaques ou pellicules peuvent être placées à volonté, soit dans des châssis, — à une ou deux plaques, —

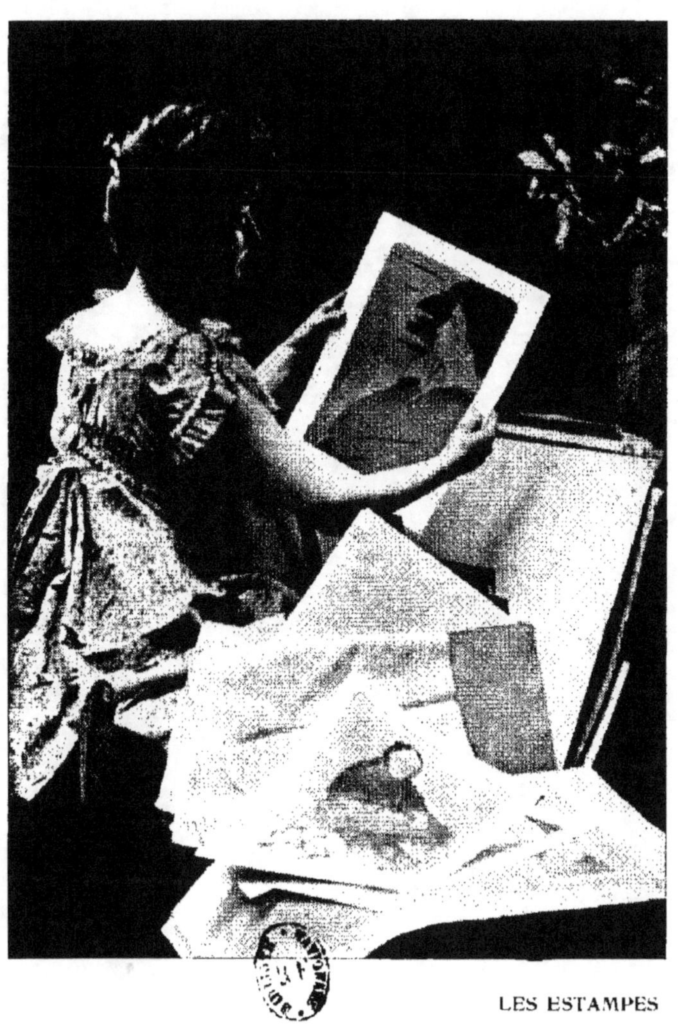

LES ESTAMPES

C. Peyo.

soit dans un magasin. Les deux dispositions ont leurs avantages et leurs inconvénients. Le magasin rend l'appareil plus lourd à manier, mais, par contre, en augmentant ainsi la masse de la chambre, il assure plus aisément un déclic sans secousse; et surtout il permet de prendre rapidement plusieurs clichés de suite, tandis que le changement d'un châssis constitue une opération qui, dans certains cas, demande trop de temps. Les châssis, bien que constituant un ensemble plus volumineux, ont l'avantage de pouvoir se loger dans les poches multiples du vêtement, et le poids se trouve au total mieux réparti. Il sera facile de concilier tout cela en ayant dans son sac l'appareil muni d'un magasin, en même temps qu'on mettra en poche deux ou trois châssis qui seront utilisés pour les poses sur pied.

Plaques et Pellicules. — Les pellicules ont sur les plaques des avantages qui ne sont pas négligeables. Elles sont plus légères, ne risquent pas de se briser, évitent le halo et, réunies en rouleaux, permettent, moyennant des dispositifs simples, le chargement en plein jour. Toutes ces qualités sont précieuses en voyage. Par contre, en dépit de sérieux progrès réalisés, elles sont moins rapides que les plaques, tout en coûtant plus cher; elles donnent des images moins fines, se conservent moins bien, et se développent avec beaucoup moins de sûreté, à cause de leurs tendances à l'enroulement. Aussi, pour le travail courant, doit-on préférer la plaque sur support de verre, et réserver l'emploi de la pellicule au cas d'un voyage d'assez longue durée. La plupart des appareils à main seprêtent, du reste, aux deux usages.

Niveau. — Ajoutons enfin que l'appareil devra être

muni d'un dispositif, niveau ou pendule, qui permette d'en assurer l'horizontalité ; celle-ci doit être parfaite toutes les fois que le sujet comporte des monuments ou simplement des maisons.

Pour terminer, disons qu'une fois l'appareil acheté, son heureux possesseur aura toute une éducation à faire pour en tirer un parti convenable, même si l'usage antérieur d'une chambre ordinaire l'a muni d'idées nettes et de notions pratiques. Ici, en effet, l'image analysée sur la glace dépolie ne lui vient plus en aide ; le temps presse, le sujet n'attend point son bon plaisir : en un instant il doit résoudre une série de problèmes sur le tirage à adopter, sur l'ouverture à donner au diaphragme, sur la vitesse d'obturation qui permettra d'enregistrer les mouvements. Comment se préparera-t-il à effectuer ces opérations à coup sûr, quoique d'une façon quasi réflexe ? C'est ce que nous allons, maintenant, examiner.

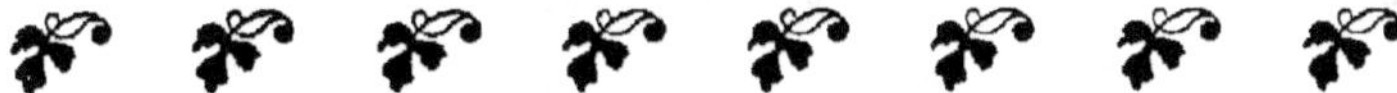

PRATIQUE DES APPAREILS

Avoir un bon appareil, c'est beaucoup, mais ce n'est pas tout : il faut encore savoir s'en servir. De là un double apprentissage : le photographe devant se rendre maître de son outil, — instruction professionnelle, — et apprendre en même temps à lui faire faire de bonne besogne, — éducation artistique.

C'est le côté technique que nous examinerons dans ce chapitre ; dans le suivant, nous traiterons la question esthétique.

Quand on donne des conseils, on aime à croire qu'ils sont suivis. Nous voulons donc espérer que nos lecteurs auront sagement choisi, pour faire leurs premières armes, un appareil à pied ; mais comme la sagesse est, en somme, chose assez rare, il nous faut bien admettre que plus d'un, parmi eux, aura préféré l'outil plus léger, plus séduisant, et plus commode en apparence, qu'est l'appareil à main. C'est une hypothèse que nous avions envisagée dès le début ; et nous l'avons acceptée avec calme, puisqu'après avoir développé les raisons qui nous faisaient regarder le premier parti comme le meilleur, nous avons tenu à donner tout au moins quelques indications à ceux qui embrasseraient le second.

Nous devons, ici encore, faire la part des uns et des autres ; aussi bien, les avis que nous allons donner peuvent-ils, pour la plupart, être utiles à tous.

La première chose, quand on veut faire une photographie, c'est d'installer et d'orienter son appareil. On a cru longtemps qu'il fallait toujours tourner le dos au soleil ; mais de cette erreur nous sommes bien revenus, heureusement, et nous savons que l'éclairage à contre-jour est, au contraire, à rechercher : qu'il se prête à de beaux effets de lumière et qu'il est plus favorable à la perspective aérienne. Encore faut-il éviter que les rayons solaires frappent directement l'objectif ; il n'est d'exception à cette règle que si le soleil est bas sur l'horizon ou voilé de légers nuages. C'est pour cette raison surtout qu'est indispensable le parasoleil sérieux dont nous avons parlé au premier chapitre.

L'appareil doit être stable et, s'il n'a pas de pied, être tenu d'une main ferme, car les déplacements qu'il peut éprouver pendant la pose ont, sur la netteté des images, une bien autre influence que ceux du modèle ; et c'est seulement avec un obturateur de plaque à mouvement très rapide que l'on peut ne pas en avoir souci.

L'axe de l'objectif doit, en règle générale, être rendu soigneusement horizontal, et cela sous peine de déformations qui sont particulièrement fâcheuses quand il se trouve dans le champ de la vue des lignes verticales, qui tiennent à rester parallèles. Pour les appareils à pied, ou pour les chambres à main que l'on appuie contre la poitrine, les niveaux à bulle d'air permettront d'assurer sans peine cette horizontalité ; sur les jumelles que l'on tient à hauteur du visage, ils ne seraient pas utilisables.

et il faut y suppléer; les petits pendules dont se servent quelques constructeurs peuvent jouer convenablement ce rôle. Il y a bien parfois avantage, pour obtenir un effet voulu de perspective, à incliner l'axe de l'objectif: ceci se rencontre en particulier dans la photographie de portraits; mais cette dérogation à la règle générale n'est admissible que si la chambre noire est munie d'une bascule qui permette de compenser la déformation, et d'une glace dépolie qui donne le moyen de contrôler le résultat obtenu: c'est dire que l'exception ne peut s'appliquer aux appareils que l'on tient à la main.

Nous avons déjà, dans un chapitre précédent, insisté sur l'utilité que présente, à divers points de vue, la faculté de faire basculer le cadre d'arrière, et avec lui la surface sensible; nous en trouvons ici une preuve nouvelle, et nous en profitons pour faire remarquer que si la manœuvre a pour effet d'incliner la surface sensible par rapport à la verticale, elle devra être liée à une inclinaison de l'axe, à moins qu'on n'accepte, ou même ne recherche, une déformation du modèle. En tout cas, la bascule implique forcément l'emploi du verre dépoli; il faut absolument pouvoir juger, sur l'image même, de l'effet produit.

L'appareil est installé, et nous supposerons d'abord que ce soit sur un pied. Il faut maintenant nous occuper de faire la mise au point et de parachever la mise en plaque. C'est ici que le travail devient délicat: notre débutant va se trouver, pour la première fois, obligé de faire acte d'initiative, et libre, en retour, de faire preuve de goût; mais, pour ces raisons mêmes, la besogne se fait plus intéressante et vaut qu'on s'y applique.

Par mise au point, nous n'entendons pas simplement l'opération matérielle qui consiste à déplacer la glace dépolie jusqu'à ce que s'y fasse nettement l'image de l'objet visé, opération qui suffit évidemment si l'on n'a qu'à reproduire la façade d'un bâtiment. Nous admettons que nos lecteurs auront très vite des ambitions plus hautes ; et, ne s'agirait-il que d'un paysage peu compliqué, la mise au point comprend à elle seule presque toute la préparation de l'œuvre photographique. Il y faut, par une étude patiente et intelligente, régler la répartition, la dégradation et, au besoin, la localisation de la netteté ; choisir tout d'abord, dans l'ensemble du tableau, le point sur lequel on veut appeler l'attention et concentrer l'intérêt ; choisir aussi le diaphragme, d'où dépend, avec la profondeur du champ, la mise en valeur de la composition. Lorsque nous avons déterminé ce qui doit constituer notre plan principal et que nous en avons obtenu, sur la glace dépolie, l'image aussi parfaite que possible, la netteté s'étend, en avant et en arrière de ce plan, jusqu'à une certaine distance, d'autant plus grande qu'il est lui-même plus éloigné et que l'ouverture de l'objectif est plus réduite ; puis, de part et d'autre, elle se dégrade plus ou moins vite. La profondeur de champ, c'est l'écart que présentent les plans extrêmes entre lesquels la netteté demeure à peu près homogène ; si elle est trop grande, l'image sera plate, l'air n'y circulera pas, l'intérêt s'y disséminera ; si elle est insuffisante, nous serons exposés à des contrastes qui pourront être choquants. Poser à ce sujet des règles générales serait imprudent et peu sage : c'est seulement en examinant l'image formée sur la glace dépolie, en étudiant la façon dont elle se modifie par les changements lents de mise au point, par la réduction progressive du diaphragme, que l'on pourra prendre un parti. Ce sera chose d'autant plus aisée que l'opérateur aura par devers lui une éducation artistique plus développée, une connaissance plus complète des lois qui forment la grammaire des arts du dessin ; mais il y faudra, même alors, quelque exercice et quelque habileté, et c'est sur cette partie de sa tâche que le débutant devra tout d'abord faire porter ses plus patients efforts : le jour où il sera sûr de s'en bien acquitter, il ne sera pas loin d'être un parfait photographe !

En général, on a toujours tendance à exagérer la profondeur de champ ; on y était bien forcé, avec les objectifs anciens, parce que, avec une ouverture un peu grande, ils auraient donné au centre et aux bords de l'image une netteté trop inégale ; avec les instruments dont nous disposons à l'heure actuelle, la réduction de l'ouverture n'est plus indispensable, et il faut n'y recourir que le moins possible. A ce conseil, un peu vague, nous en joindrons un autre, plus précis : le plan que vous avez choisi comme principal est-il un des plus éloignés, effectuez la mise au point en rapprochant progressivement la glace dépolie de l'objectif ; avez-vous au contraire, mieux avisé, choisi l'un des premiers plans, il vous faut alors opérer en sens inverse, c'est-à-dire en augmentant peu à peu le tirage de la chambre : c'est dans ces conditions que la profondeur de champ sera le mieux utilisée.

Avec l'appareil à main, la mise au point devient singulièrement plus difficile, ou singulièrement plus facile, — tout dépend, comme dit l'autre, du point de vue où on se place ! — Si l'on s'en rapporte à la protection du hasard et aux bons soins du constructeur, il n'est pas besoin de se donner grand mal, et l'on étonnerait beaucoup de photographes en leur disant qu'il existe une question de la mise au point. Mais si l'on a réellement la prétention d'intervenir personnellement dans le résultat, ce n'est plus la même chanson ! L'examen que nous faisions à loisir sur le verre dépoli, les tâtonnements méthodiques où nous cherchions la meilleure image, ne nous sont plus possibles : il nous faut faire de tête toute cette étude, nous rappeler ce que notre appareil a pu nous donner dans un cas semblable, et nous le rappeler de façon assez précise pour voir si nous avons intérêt à modifier les conditions où nous avions alors opéré. Il faut avoir l'œil exercé à l'appréciation des distances : bref. il faut être déjà très habile. et bien connaître l'outil dont on se sert.

L'apprentissage de photographe ne peut vraiment pas se faire dans de telles conditions.

Quant à la mise en plaque, c'est, quand on dispose d'une glace dépolie, une question purement esthétique : elle ne présentera le même caractère pour l'appareil à main que si celui-ci est muni d'un viseur qui donne réellement à l'opérateur, même en cas d'objets très voisins, même en cas de décentrement, la vision exacte de ce que sera l'image : et ce sont des conditions qui se trouvent bien rarement satisfaites !

Enfin, vaille que vaille, nous avons pris notre parti pour tout ce qui concerne la mise au point et la mise en plaque : tout est paré, l'objectif est masqué, tandis que dans la chambre noire la plaque est découverte ; avant d'ouvrir la route aux rayons lumineux, il nous reste à prendre une grave décision : combien de temps allons-nous les laisser agir ? Quel temps de pose allons-nous donner ?

Le problème comporte, pour un débutant, deux solutions simples : s'en fier aux « gens compétents », ou bien se lancer, à l'aventure, dans l'inconnu ; prendre.

sans discussion, le nombre que lui fournira, dans une petite case qu'il choisira sans bien savoir pourquoi, un tableau plus ou moins compliqué, ou qu'il trouvera en multipliant les uns par les autres des nombres qu'il aura pris un peu au hasard ; ou bien s'en rapporter à son instinct. Le second parti nous paraît le moins mauvais : ce sera sûrement le meilleur, du jour où le photographe aura fait l'éducation de son instinct. Jusque-là, pour guider ses tâtonnements, quelques-unes des tables que l'on a, en grand nombre, dressées à son intention pourront n'être pas pour lui sans utilité ; mais qu'il se borne aux plus simples, et n'attribue pas aux chiffres qu'il y trouvera une vertu magique dont ils sont dépourvus. Si, après avoir suivi exactement les indications qu'elles lui donnent, il arrive à un échec plus ou moins complet, qu'il ne s'en étonne pas, mais qu'il le note ; c'est d'ailleurs, là encore, une école où les insuccès sont souvent plus instructifs que les réussites. Qu'il observe avec soin, et qu'il se souvienne ; qu'il modifie, d'après sa propre expérience, les tables dont il s'est servi ; qu'il habitue son œil à juger, sur le verre dépoli, sans se laisser tromper par la coloration, et en tenant compte des reflets que donnent les objets voisins, l'éclat utile de l'image. Au bout de quelque temps, il pourra se passer des tables ; il n'aura même pas besoin d'évaluer numériquement le temps de pose, — ce qui, d'ailleurs, est toujours assez illusoire ; il choisira, sans presque réfléchir, celui qu'il faut prendre.

Pour cette période d'études, deux conseils sont surtout à donner, ou plutôt une indication et un conseil : il faut ne pas oublier qu'en règle générale, quand on passe d'un diaphragme au suivant, le temps de pose doit être doublé, et se garder de croire que les jours de beau soleil sont ceux où s'imposent les petits diaphragmes et les grandes vitesses d'obturation. C'est le moment, au contraire, d'ouvrir en grand ses objectifs et de ne pas les fermer trop vite, pour que les oppositions d'ombre et de lumière se fondent dans l'image, ou du moins ne s'y exagèrent pas.

Il est, du reste, toujours plus facile de racheter, au développement, un excès qu'un défaut de pose. Nous pouvons, avec un peu de prudence, empêcher les contrastes de trop s'atténuer; mais comment suppléer à l'action de la lumière si, dans les régions les plus sombres de l'image, nous ne lui avons pas laissé le temps de se produire?

CHOIX ET COMPOSITION DES SUJETS

Envisagée comme procédé d'art, la photographie est soumise aux mêmes règles que les autres arts du dessin et relève de la même esthétique. Cette esthétique est celle de la peinture, mais réduite à un domaine plus restreint, au domaine du noir et blanc. Tandis, en effet, que le peintre dispose, pour rendre le modelé, d'un double jeu d'éléments, les couleurs et les valeurs, l'artiste en monochrome ne dispose que des valeurs. Par suite, nombre de motifs échappent à ses prises, et le débutant se rendra compte rapidement de ce fait fâcheux que certains paysages, ravissants à voir sur la glace dépolie, ne sont plus traduisibles quand on ne dispose que d'une gamme unique de tons.

Une autre cause, spéciale celle-là à la photographie, intervient encore pour gêner l'opérateur. Le procédé photographique ne rend pas les couleurs en valeurs exactes; d'un violet foncé, il tend à faire un blanc; d'un rouge clair, un noir. Par suite, un sujet, paysage ou personnage, dont les couleurs, traduites en valeurs justes par un dessinateur, donneraient un motif monochrome harmonieux, peut être totalement modifié par l'instrument photographique, et perdre ainsi tout intérêt esthéthique. Nous verrons, dans un chapitre ultérieur, comment on arrive par certains détours et, en particulier, au moyen de l'orthochromatisme, à corriger ce défaut dans une mesure très appréciable.

L'expérience enseignera peu à peu au débutant à discerner, parmi les motifs qui s'offrent à lui, ceux qui se prêtent à la traduction en noir et blanc. Mais, pour que ces leçons de l'expérience portent vraiment pour lui tout leur fruit, il est nécessaire qu'une éducation artistique préalable guide ses premiers pas, que son œil soit déjà sensible aux formes : alors ses essais photographiques lui seront comme des leçons de choses, et lui permettront de confirmer et d'élargir, par la pratique, les principes théoriques qu'il a trouvés dans les livres ou que la vue des chefs-d'œuvre lui a fait concevoir plus ou moins nettement.

La genèse d'un tableau comporte deux étapes : la composition du sujet, la traduction du sujet.

La Composition. — C'est dans les maîtres qu'il faut l'étudier, et chez eux qu'il faut en chercher les règles et les principes : règles subtiles, certes, et principes très généraux, mais réels cependant, car les idées directrices d'unité, d'équilibre, découlent de la nature même ; et c'est ainsi que l'esthétique, loin de s'établir *a priori*, n'est qu'une coordination de faits acceptés peu à peu par le consentement universel.

L'esthétique a naturellement sa langue, son vocabulaire, indispensable pour traduire, en termes propres, les idées qui lui sont particulières. Il convient que le débutant en ait connaissance, qu'il sache et qu'il sente

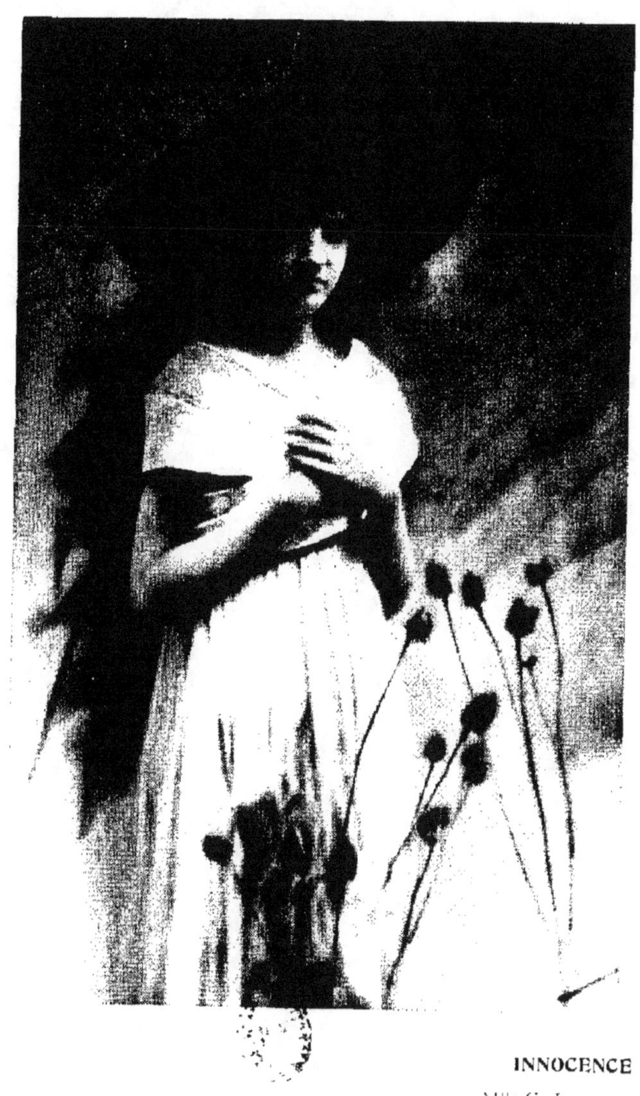

INNOCENCE

Mlle C. Laguarde.

ce qu'il faut entendre par les expressions : *unité du sujet, équilibre des lignes ;* par les mots : *effet, valeur, accent, rappel, enveloppe,* etc. Sans avoir la prétention de renfermer en quelques pages un aussi vaste sujet, nous nous proposons d'en esquisser brièvement les grandes lignes, afin d'être mieux compris lorsque nous en arriverons ensuite à donner quelques conseils pratiques de composition.

Le sujet doit être un ; cela veut dire qu'il doit s'offrir de telle sorte que l'œil du spectateur se dirige du premier coup, et sans hésitation, sur la région intéressante du tableau ; cette région est dite centre d'intérêt ou centre esthétique.

Cette règle primordiale de l'unité du sujet a, ici, une importance toute particulière, car l'image photographique, analytique par essence, uniforme de facture et remplie de détails oiseux, tend à disperser également l'intérêt sur toute sa surface. De plus, les objectifs employés d'ordinaire embrassant un angle trop ouvert, on trouve aisément sur un cliché photographique deux, trois ou plusieurs motifs.

Donc, en thèse générale, pour qu'une image photographique présente une région d'intérêt, il conviendra d'y accumuler tout ce qui attire l'œil : c'est là, dans cette région, que devront se trouver les oppositions les plus violentes, les grands blancs et les grands noirs, les personnages, la ferme, la charrette ou le bateau à voile ; c'est vers elle que devront converger les lignes de fuite, autour d'elle que tout devra s'équilibrer.

A l'inverse, en même temps qu'on enrichira le centre esthétique, on appauvrira les alentours, et l'on se gardera d'y placer quoi que ce soit qui vaille la peine d'être regardé.

Nous venons de dire que le centre d'intérêt devait

être en même temps centre d'équilibre. Qu'est-ce que l'*équilibre* en ces matières?

L'équilibre doit s'entendre des lignes et des tons; il doit s'appliquer aux grandes lignes du sujet et aux tons principaux.

Il y a équilibre des lignes lorsque l'œil, embrassant l'ensemble du motif, éprouve une sensation de stabilité. Le besoin que nous en éprouvons dérive évidemment de ce concept intime que tout obéit aux lois de la pesanteur. De là l'emploi si fréquent de la composition en triangle, le triangle étant de toutes les figures géométriques celles dont le centre de gravité est le plus bas.

Cet équilibre doit être asymétrique, c'est-à-dire qu'une ligne importante du dessin ne doit pas être balancée par une ligne d'importance égale et d'inclinaison opposée, mais bien par deux ou plusieurs lignes dont le rythme d'ensemble s'oppose au mouvement général de la première avec une puissance à peu près égale.

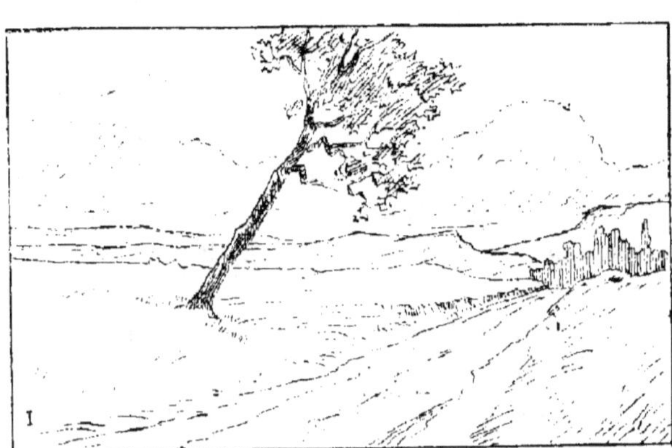

Une loi analogue doit régir les tons. Un ton très important par sa surface et sa vigueur, placé dans un tableau, nous choquera s'il s'y trouve seul, et si un ensemble d'autres tons ne vient le balancer et servir de transition, de lien, entre lui et l'ensemble du motif.

Un exemple choisi pour sa simplicité fera peut-être mieux saisir ce discours.

Voici un motif (nº 1) ; il manque d'équilibre : l'arbre, les lignes du paysage, tout tombe à droite ; il manque d'unité : d'un côté l'arbre, de l'autre le point de convergence des lignes du paysage.

Pour soutenir cette ligne principale de l'arbre penché, plaçons près de lui un ou deux arbres vigoureux, plantés bien droit ; déjà le motif est plus stable ; continuons en solidifiant la base par un groupe de roseaux ; opposons enfin à la ligne de cette arbre les lignes de la route et

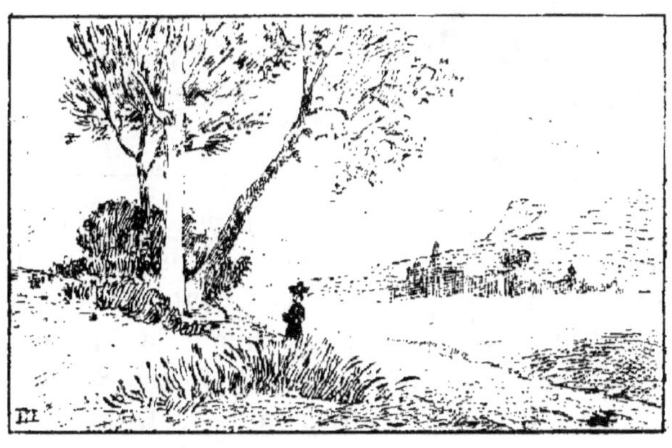

celles du lointain. Voilà le motif (nº 2) mieux équilibré et le centre d'intérêt défini.

Mais il n'y a pas encore d'équilibre pour les tons : toutes les vigueurs sont à gauche ; pour compenser ce groupe important des arbres, des buissons, des roseaux, nous avons divers moyens. Porter une ombre sur le premier plan, monter de ton la colline du fond, planter au troisième plan un petit bois (n° 3). La montagne, l'ombre portée du premier plan seront moins vigoureuses que le groupe des grands arbres; elles serviront à la fois à l'équilibre et à la liaison des tons avec l'ensemble. Quant au petit bois, il sera à peu près du ton des trois arbres, un peu au-dessous; il sert à compléter l'équilibre et joue en même temps le rôle de *rappel*.

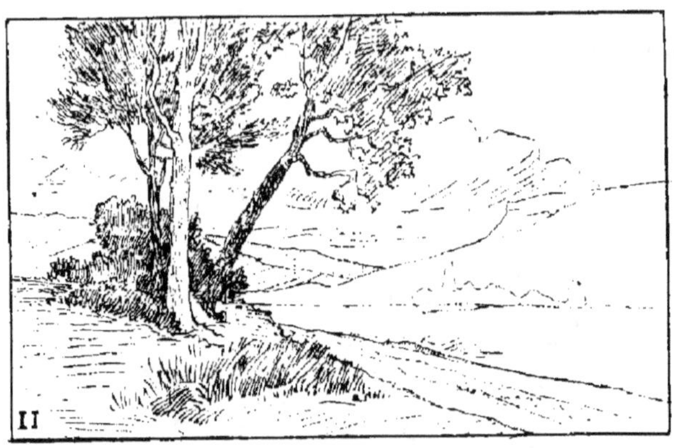

Voici donc, en gros, les règles et les idées qui guideront dans le choix du motif, en détermineront l'arrangement et l'éclairage; il reste à le mettre en plaque.

Ici, il faut se souvenir que la symétrie est toujours à éviter, — exception faite pour certains sujets décoratifs où elle est recherchée systématiquement. Par suite, le centre d'intérêt ne sera pas placé au centre géométrique du verre dépoli, mais un peu à gauche ou à droite. De même, la ligne d'horizon pourra se trouver partout, sauf sur la ligne médiane du tableau; il n'y a pas d'autre règle que celle-là. Pour certains effets, la ligne d'horizon pourra même être très surbaissée ou, au contraire, très élevée.

Le sujet fixé sur le cliché, nous aurons à le traduire.

La traduction du sujet. — Ici c'est chez les artistes en noir et blanc qu'il faut chercher des exemples et des modèles, chez ceux notamment qui pratiquent le fusain, la gravure, l'aquatinte, tous procédés qui se rapprochent du nôtre en ce que le modelé des figures et des choses y est à peu près continu et complet. Par cette étude, on verra le rôle primordial que jouent dans tout procédé monochrome ce qu'on nomme les accents.

Placer des accents, c'est proprement donner à certains tons locaux, essentiels à l'effet, et dont l'opposition crée l'effet, une légère exagération ; c'est, en somme, souligner l'effet et le concentrer.

Cela, la photographie ne le donne pas naturellement ; son rendu est monotone, impartial ; si elle fausse certaines valeurs, c'est au hasard. Certes, par une bonne composition, le photographe peut arriver à obtenir un effet franc ; mais il reste quelque chose de plus à faire : on a dit, non sans raison, que « l'art est une déformation systématique de la nature ». Seule la main de l'artiste est susceptible d'intervenir judicieusement ici.

Le photographe le pourra en travaillant l'épreuve par les procédés nouveaux qui lui donnent une bien plus grande liberté qu'autrefois ; et ce qui caractérise précisément les papiers dits artistiques, c'est qu'à l'encontre des papiers vulgaires ils permettent l'intervention personnelle.

Ceci dit, descendons des hauteurs de la théorie, et voyons comment appliquer à la pratique des deux genres, le paysage et la figure, les règles que nous avons esquissées.

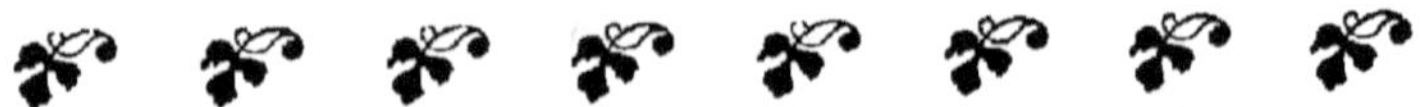

LE PAYSAGE ET LA FIGURE

Le paysage. — On dit qu'un paysage forme tableau lorsque les divers éléments qui le composent se groupent en une combinaison plaisante à l'œil. Devant un tel ensemble, le photographe devra, tout d'abord, étudier deux questions qui sont primordiales : quel point de vue va-t-il choisir, et quel éclairage va-t-il adopter, pour donner au motif toute sa valeur?

En thèse générale, il est possible de trouver, dans une zone assez restreinte, plus d'une place favorable. Mettez plusieurs artistes en présence du même coin de nature, chacun d'eux va y découvrir un motif différent à dessiner et un endroit particulier pour s'asseoir. Mais le choix du point de vue arrêté, ce dernier ne saurait être déterminé avec trop de précision. Suivant, en effet, que l'œil se déplace légèrement à gauche ou à droite, les lignes varient et s'équilibrent plus ou moins harmonieusement ; si l'opérateur recule, les lointains s'élèvent et grandissent par rapport aux premiers plans ; s'il avance, les premiers plans acquièrent une prépondérance de plus en plus marquée.

Le point de vue fixé après ces tâtonnements, le photographe installe son appareil et regarde sur la glace dépolie. Il constate alors, presque toujours, que le paysage qu'il se propose de prendre n'occupe pas la totalité de la glace; cela provient de la grande ouverture d'angle que possèdent les objectifs modernes. Si l'opérateur dispose d'une trousse, il augmentera la longueur focale; mais si cette ressource lui manque, il est immédiatement tenté de se rapprocher du motif principal; et cela contre toute raison, puisqu'il change ainsi, au dernier moment, le point de vue qu'il avait judicieusement choisi.

C'est que l'amateur tient généralement à utiliser toute sa plaque, jusqu'aux bords; est-ce l'avarice qui le pousse, ou quelque point d'honneur qui lui impose cette coutume singulière? Pourtant, de ce que les congrès ont adopté pour les formats des proportions moyennes, on ne peut raisonnablement exiger que tout paysage, ou tout sujet, en général, se plie à ces proportions. Tel sujet se présente en longueur, tel autre en hauteur, tel autre veut la forme carrée; il en découle qu'en principe tout cliché demande à être rogné. Et cependant, conseillez un peu à l'amateur, qui vous montre avec complaisance un beau cliché 18×24, d'en supprimer quelques centimètres, et vous verrez dans son œil débonnaire s'allumer une si belle flamme d'indignation que des mots d'excuse vous viendront aux lèvres.

Il n'en est pas moins exact que, pour tout paysage, le point de vue s'impose, puisque c'est par rapport à ce point choisi que les lignes s'équilibrent avec le maximum d'harmonie. C'est donc là, et non ailleurs, que l'appareil doit être installé; et si le motif n'occupe alors qu'une fraction de la plaque, il convient d'en prendre courageusement son parti.

Mais on voit aussi combien est utile au paysagiste un jeu d'objectifs de foyers divers.

Le choix d'un point de vue judicieux a assuré au paysage une perspective linéaire correcte. Il reste à détacher les plans successifs, c'est-à-dire à doter le motif d'une bonne perspective aérienne. On y parvient en jouant de deux éléments :

1° La direction de l'éclairage;

2° La profondeur de champ de l'objectif.

Le temps est loin où l'on conseillait au photographe d'opérer avec le soleil dans le dos; le conseil était déplorable. Seuls les éclairages obliques ou à contre-jour permettent de détacher les plans, d'éviter un excès de détails faisant papilloter le sujet. Pour vous en rendre compte, placez-vous face au soleil et regardez le paysage, devant vous, puis à gauche, puis à droite; vous constaterez que les lointains sont embrumés, que les éléments du paysage sont massés en larges taches dont les valeurs s'opposent. Faites alors demi-tour, vous verrez la différence: tout est plat, sans relief. D'après cela, il est facile de savoir à quel moment de la journée tel paysage doit être pris. Considérez la ligne idéale qui joint le point de vue au centre du tableau, l'axe de vision, et prenez-en l'orientation. Cet axe se dirige-t-il vers le midi, vous aurez pendant toute la journée des éclairages favorables, obliques ou à contre-jour; se dirige-t-il vers l'est, il conviendra d'opérer le matin jusqu'à midi; vers l'ouest, après midi jusqu'au soir; se dirige-t-il enfin vers le nord, ce sera de très bonne heure dans la matinée, ou à la fin du jour.

Certains états particuliers de l'atmosphère permettent parfois de ne pas tenir compte de ces règles; tels les brouillards qui s'élèvent au printemps et à l'automne, synthétisant les masses du paysage, et donnant aux plans successifs des valeurs différentes.

Pour mieux détacher ces plans, et confirmer ainsi la perspective aérienne déjà ébauchée par la direction de la lumière, une autre ressource doit être utilisée; elle consiste à faire varier la netteté suivant l'éloignement des éléments qui composent la vue, et à produire ainsi, par un moyen technique, un effet qui, dans la nature, est dû à l'interposition de l'atmosphère; à donner en quelque sorte à l'objectif, par le jeu du diaphragme, une puissance d'accommodation comparable à celle de l'œil.

Les objectifs très ouverts, surtout s'ils ont un long foyer, montrent ici leur supériorité, puisqu'ils permettent à l'opérateur de faire varier, entre des limites très écartées, la profondeur de champ. D'une façon générale, on peut dire que la mise au point étant faite aux environs du plan d'intérêt, le diaphragme devra être réduit jusqu'à ce que le premier plan devienne net, les lointains conservant le degré de flou jugé convenable. Si ces deux conditions ne peuvent être satisfaites en même temps, on tâtonnera; on remettra au point sur un plan plus rapproché. Deux écueils sont à éviter: d'abord un manque de netteté dans le premier plan, qui doit être très ferme, — ici la bascule pourra servir; ensuite, dans les lointains, un flou exagéré qui se traduirait par une mollesse absolue du dessin et par un modelé confus fait de taches rondes.

Pour terminer, disons que la première qualité d'un paysage photographique étant la simplicité, il faut par suite éviter, autant que possible, l'excès des détails, et rechercher les effets de synthèse. Au point de vue technique, il convient de poser largement, afin de racheter autant que faire se peut, grâce à la surexposition, le manque d'orthochromatisme des plaques. Nous préconiserons d'ailleurs, dans un chapitre ultérieur, l'emploi de filtres colorés, et de plaques rendues sensibles à diverses couleurs inactiniques, telles que le jaune et le vert.

La Figure. — Dans toute étude de figure, il est deux éléments principaux : la figure elle-même et le milieu où elle se trouve placée. L'un de ces éléments doit être nettement prépondérant ; l'unité du motif l'exige : il faut que l'œil du spectateur puisse trouver immédiatement et sans hésitation le centre d'intérêt ; — nous insistons sur cette règle parce qu'elle est trop souvent méconnue. Si l'on a, par exemple, des figures dans un paysage, il est nécessaire de prendre parti. Les figures sont-elles mises là seulement pour animer le milieu et pour donner quelques taches, claires ou sombres, en bonne place? Il conviendra de les rejeter au second ou au troisième plan, laissant ainsi le grand rôle au paysage même. Veut-on, au contraire, faire de la figure le motif principal? Celle-ci sera placée au premier plan, et l'on traitera le paysage comme un fond, destiné à fournir les quelques taches nécessaires à la mise en valeur du personnage.

L'étude de la figure en plein air est chose assez difficile, car l'artiste n'est pas maître de modifier l'éclairage aussi aisément qu'il le peut faire dans un intérieur. Le choix du fond est également malaisé ; une assez longue pratique apprendra seule l'art de découvrir un coin de nature approprié : assez simple et assez synthétisé pour qu'il ne détourne pas l'intérêt de la figure. Il sera bon, par suite, de s'exercer d'abord aux portraits, puis aux scènes, d'intérieur; dans ces deux genres aussi le milieu se trouve subordonné à la figure.

Notons immédiatement qu'ici certains éléments de la composition vous sont imposés dont vous ne pouvez pas changer la couleur; ce sont le visage et les cheveux. En revanche, vous êtes maîtres de modifier la couleur du vêtement, la tonalité du fond. D'autre part, le centre d'intérêt n'est pas arbitraire, ce sera forcément le visage. La première question à considérer est donc celle-ci: comment la figure se distinguera-t-elle du fond?

Doit-elle se détacher sur un champ de tonalité forte? Vous aurez soin d'opposer la partie la plus sombre du fond à la partie la plus éclairée du visage. Le modèle a-t-il des cheveux noirs? Vous prendrez un fond dont la valeur soit intermédiaire entre les tons de la peau et des cheveux. Sa chevelure est-elle blonde? Vous en ferez valoir l'éclat au moyen d'un champ très assombri. La figure doit-elle se détacher sur un fond plus clair? Vous éviterez de le choisir absolument blanc, vous le prendrez d'un gris léger, un peu au-dessous du ton de la peau.

En résumé, toujours trois notes différentes, pour le visage, les cheveux, et le fond.

Vous réserverez pour le personnage les notes extrêmes; ce sera soit le col blanc, soit la cravate de satin noir, soit le chapeau, qui mettront la peau en valeur par une opposition franche.

L'ambiance, le milieu, doit être calme et neutre, et s'harmoniser, en général, avec le vêtement; une robe très blanche détonnerait dans un milieu trop sombre. Le meilleur moyen d'attirer l'attention sur le visage est de donner à l'ambiance une valeur rapprochée de celle du vêtement et d'éviter, dans l'entourage de la figure, toute opposition violente et excentriquement placée.

Le tableau une fois composé, il reste à disposer congrument la figure et à l'éclairer.

Pour avoir un dessin correct, gardez-vous d'installer l'appareil trop près du personnage ; l'emploi des longs foyers s'impose donc ici. Vous chercherez à quelle hauteur au-dessus du sol il convient de mettre le point de vue ; ce sera généralement à hauteur des épaules pour un personnage en pied, à hauteur des joues pour une figure. Vous éviterez dans la pose les raccourcis, qui viennent mal. Considérant les lignes générales du personnage, vous veillerez à ce que ces lignes se coupent bien, forment des angles aigus ; à ce que les plis du vêtement s'harmonisent avec l'attitude.

Que cette attitude soit naturelle. Pour cela faites répéter plusieurs fois au modèle le geste choisi, jusqu'à ce que le dit modèle trouve de ce geste une représentation qui vous plaise ; corrigez ensuite les détails par de légères modifications, rapidement faites, pour ne pas laisser à la personne le temps de s'affaisser et d'abandonner insensiblement la souplesse de la pose. Veillez aux mains, donnez du mouvement aux doigts et, petit détail pratique, invitez le modèle à passer la langue sur ses lèvres pour détendre l'arc de la bouche.

Reste l'éclairage. C'est la première chose à laquelle vous avez dû penser si vous avez conçu votre projet comme il doit l'être, c'est-à-dire comme un groupement d'un petit nombre de valeurs essentielles, visage, vêtement, fond. L'éclairage, en effet, combiné avec la couleur propre des objets, crée la tonalité. Vous avez donc décidé le mode d'éclairage avant même de composer votre tableau vivant. Mais quelle idée vous a guidé dans ce choix ?

Ce peut être une idée d'effet ; par exemple, d'un

profil ligné en clair sur fond sombre, d'une figure modelée en demi-teinte sur fond clair. Votre choix a pu être déterminé également par l'idée de présenter la figure sous son jour le plus favorable, car la lumière est une grande magicienne qui modifie les traits. La pratique seule vous apprendra l'art d'utiliser la lumière pour mettre en évidence tel trait du visage et en dissimuler tel autre. Promenez un buste à travers une chambre ou à travers un atelier, et étudiez attentivement les variations que font subir aux traits les changements de direction du faisceau éclairant. Ce petit travail vous sera très utile : il vous apprendra à *voir*.

Pour tous ces essais, un atelier spécialement agencé n'est en rien indispensable. Il est bien plus instructif et bien plus intéressant d'étudier et de photographier les figures dans les milieux qui leur sont familiers, chambre ordinaire, salon, salle à manger. Avec les objectifs actuels la lumière est partout suffisante, et c'est dans les intérieurs vulgaires que l'on peut moissonner les effets les plus originaux et les plus justes.

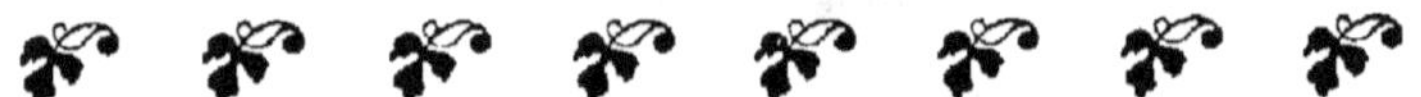

L'IMAGE NÉGATIVE

LA PRÉPARATION SENSIBLE

Pour recevoir l'image négative du sujet que nous voulons reproduire, quelle est la préparation sensible que nous aurons disposée derrière notre objectif? Quelles précautions aurons-nous prises pour qu'aucun trouble ne vienne altérer cette image à sa naissance même et gâter, par avance, l'œuvre que nous avons conçue? Telles sont les questions qu'il nous faut maintenant aborder; et leur importance est grande, puisque du soin que nous aurons apporté à ces préliminaires dépend, pour une grande part, le succès ou l'échec des opérations ultérieures.

Les préparations sensibles dont nous pouvons garnir nos châssis ou nos magasins sont, de façon pour ainsi dire exclusive à l'heure présente, constituées par une émulsion sèche au gélatino-bromure d'argent; mais elles peuvent avoir pour support soit une lame de verre, soit une pellicule transparente, soit une feuille de papier. La pellicule pourra elle-même être demi-rigide, et découpée aux dimensions de l'image définitive, ou tout à fait souple, et allongée en une bande continue qui se déroulera dans le plan focal, pour que s'y impriment, à la suite les unes des autres, toute une série de vues. Le papier pourra n'être qu'un support provisoire, d'où la couche sensible sera ensuite détachée, soit pour être utilisée sous forme de pellicule très mince, soit pour être transférée sur une lame transparente ; ou bien, au contraire, il fera corps avec elle et devra être, au moment du tirage, traversé par les rayons lumineux chargés de donner l'image positive.

Nous pouvons donc choisir entre cinq types différents : plaques rigides, plaques souples, pellicules en rouleaux, papiers pelliculaires et papiers négatifs ; c'est au premier que nos lecteurs devront, à notre avis, donner la préférence.

Ce n'est pas que nous méconnaissions les très grands avantages que peuvent, à divers points de vue, présenter les quatre autres ; il en est un, tout d'abord, qui leur est commun, et qui a bien son prix : papiers et pellicules ne sont ni encombrants, ni fragiles ; nous dirons tout à l'heure qu'ils sont aussi, et par leur nature même, exempts d'une cause de trouble dont, avec les plaques de verre, il est besoin de se garder ; mais on leur a fait divers reproches qui ne sont pas tous mal fondés : c'est, tantôt, certaine facilité d'altération, due à des réactions lentes, sur la couche sensible, du support, que l'on a grand'peine à rendre tout à fait inerte ; tantôt leur souplesse même, qui, lorsqu'on ne se réduit pas aux petits formats, peut les empêcher de se maintenir, dans le plan focal, aussi tendues et planes qu'il serait nécessaire, et peut aussi, dans le bain de développement, gêner les manipulations ; tantôt l'obligation d'opérer, dans leur traitement, quelques manœuvres accessoires qui, pour n'être pas bien difficiles, demandent cependant un peu d'habileté. Toutes ces critiques — et j'en passe — n'ont, en somme, rien de bien grave et, grâce aux progrès continus de la fabrication, elles s'atténuent peu à peu pour, sans doute, bientôt disparaître.

Déjà d'excellents photographes trouvent que la balance des qualités et des défauts penche en leur faveur, et leur donnent nettement la préférence ; mais ce sont d'excellents photographes, ce ne sont pas des débutants! Je ne parle pas, bien entendu, de ceux qui attachent à la question de poids une importance prépondérante, justifiée quand il s'agit de longs voyages ; et moins encore de ceux qui apprécient avant tout, dans le rouleau de pellicules, une facilité plus grande à prendre beaucoup de vues en très peu de temps !

Il nous semble que, dans l'état actuel des choses, les plaques rigides représentent encore, pour l'opérateur, la solution la plus simple et la plus sûre ; et nous avons promis d'écarter autant que possible les obstacles, petits ou grands, où se pourraient heurter les premiers pas de nos lecteurs. Dans quelques années, peut-être, les conditions du problème auront-elles changé, mais nous ne prétendons pas écrire pour nos arrière-neveux !

Donc, c'est aux plaques seules que nous nous arrêterons; mais lesquelles prendre? Toute question de marque laissée naturellement en dehors, on trouve dans ce groupe une très grande variété ; d'abord, au point de vue de la sensibilité, il en est de lentes et de rapides, voire même d'extra-rapides. C'est des secondes qu'on fait le plus souvent usage ; les troisièmes, un peu plus difficiles à manier, présentant quelquefois, d'ailleurs, un grain plus gros qui peut être gênant quand on veut agrandir les images, semblent devoir être réservées pour des cas en quelque sorte exceptionnels, photographie par très mauvaise lumière ou instantanés à pose très réduite. Quant aux premières, on a tort de ne pas les utiliser plus souvent, et nous serions assez tentés d'en recommander l'emploi à nos lecteurs : ils trouveraient, à s'en servir, plus de latitude dans l'évaluation du temps de pose et dans la conduite du développement, plus de facilité, par conséquent, à suivre les études méthodiques où nous voudrions les voir s'engager. Si nous n'insistons pas trop, c'est que nous avons mieux à leur proposer.

Les préparations photographiques ordinaires ont, à des degrés un peu différents peut-être, un défaut commun, qui est grave : elles altèrent et faussent l'échelle des valeurs. C'est que — nous l'avons déjà fait observer — la sensibilité relative aux diverses radiations colorées n'est pas la même pour elles que pour notre œil : telle teinte, qui produit sur notre rétine une impression de lumière vive, exige, au contraire, un temps considérable pour provoquer la transformation du sel d'argent. Les tons bleus ou violets, fussent-ils foncés, agissent énergiquement et donnent, dans l'image définitive, des valeurs claires ; les rouges, les orangés, les jaunes et les verts n'ont, au contraire, qu'une action lente et, même clairs, fournissent des valeurs sombres ; si bien que, dans la reproduction photographique, une plante à fleurs violettes, où le feuillage est pour nous la note la plus lumineuse, subira une véritable inversion ; l'étalage rutilant d'une marchande d'oranges ressemblera, sur l'épreuve, à ces tas de vieux boulets en fonte qu'on voit parfois encore dans les arsenaux ! La chose n'est pas toujours aussi grave, et bien souvent, l'habitude aidant, nous trouvons fort acceptable l'effet que nous donne l'image, si différent qu'il soit de celui

5.

que nous avions conçu ; combien de photographes, d'ailleurs, quand ils ont obtenu la précision des contours, ne se tiennent-ils pas pour pleinement satisfaits !

Cette philosophie est fâcheuse : si nous ne disposons, pour traduire des modèles polychromes, que d'une gamme monochrome, du moins devons-nous souhaiter que, dans la transposition, les relations de valeur soient respectées, comme la mélodie dans la réduction au piano d'un morceau pour orchestre. Avec les préparations ordinaires, il s'en faut de beaucoup qu'il en soit ainsi. Des influences très diverses sont en cause, et, pour qui saurait en jouer, le mal pourrait être de beaucoup atténué : il n'est pas douteux, par exemple, que les objectifs à grande luminosité, les obturateurs à très grand rendement, ne présentent à cet égard de sérieux avantages ; la durée de pose joue aussi un rôle important : trop courte, elle exagère des contrastes qui n'existaient pas dans la nature ; trop prolongée, elle affadit ceux qu'il faudrait conserver ; le développement lui-même, dont nous ne nous sommes pas occupés encore, peut intervenir pour améliorer les choses, à moins que ce ne soit, s'il est mal conduit, pour les gâter davantage ! Mais tout cela exige beaucoup d'expérience et d'habileté, pour un résultat qui n'est jamais que très incomplet : on a soutenu qu'il suffisait de prolonger la pose pour retrouver dans l'image la juste gradation des valeurs : pour être fort répandue, cette croyance n'en est pas moins une illusion : si l'on peut approcher ainsi du but, il ne faut pas espérer l'atteindre, pour le moment du moins.

Mais il existe un remède préventif qui, s'il n'est pas parfait encore, est du moins beaucoup plus efficace, et surtout beaucoup plus simple : cette insuffisante sensibilité du gélatino-bromure pour certaines radiations colorées, nous pouvons l'exalter, si nous ajoutons à la préparation, en fort petites quantités d'ailleurs, des substances convenablement choisies, et qui sont, de façon générale, des matières colorantes : c'est l'*orthochromatisme*, dont les beaux travaux de Vogel ont, il y a une vingtaine d'années, révélé les ressources. Au début, il fallait traiter soi-même, par un bain de teinture, des plaques ordinaires, et c'était une complication devant laquelle on pouvait hésiter, encore qu'elle n'eût rien de bien effrayant ; aujourd'hui, les fabricants nous épargnent cette peine, et les plaques orthochromatiques, isochromatiques, panchromatiques, nous sont livrées toutes prêtes : ici, on a cherché à uniformiser, pour ainsi dire, la sensibilité, quitte à en abaisser la valeur moyenne ; là, au contraire, on a voulu seulement l'augmenter pour certaines couleurs particulièrement peu actives, et que nous sommes plus souvent appelés à trouver dans les modèles que nous avons à reproduire. La solution qui semble actuellement la plus avantageuse pour les besoins de la photographie courante est celle qui consiste à exciter la sensibilité pour le jaune et pour le vert.

Si l'on veut tirer de ces préparations orthochromatiques tout le bénéfice qu'on en peut espérer, il faut d'ailleurs affaiblir, au moyen de filtres convenables, l'action sur la couche sensible des radiations qui, malgré tout, restent encore les plus énergiques : ce sont celles qui correspondent aux régions bleue et violette du spectre, et le filtre devra être un écran jaune. On peut trouver de ces écrans, qui, sans être bien dispendieux, soient cependant assez bien établis pour ne pas altérer la qualité de l'objectif auquel on les associe ; ils entraînent, pour le temps de pose, un allongement notable — bien moindre d'ailleurs depuis qu'une étude scientifiquement conduite a permis de les préparer rationnellement et d'augmenter leur transparence sans réduire leur efficacité — et ne peuvent guère être employés couramment sur les appareils à main qui ne sont pas munis d'objectifs très lumineux. Il en sera de même, plus généralement, dans toutes les circonstances où, soit pour une cause, soit pour une autre, il faudra opérer très rapidement ; l'écran jaune doit faire partie du bagage qu'emporte tout bon photographe, mais on n'a pas toujours la faculté de s'en servir. Même sans lui, les plaques orthochromatiques sont encore très avantageuses, et leur prix un peu plus élevé n'empêchera pas nos lecteurs, s'ils veulent nous en croire, de les préférer à toutes autres, aussi bien à l'atelier qu'au dehors.

Il est un autre danger dont il faut se garer quand on se sert des plaques — les préparations sur supports opaques ou pelliculaires en étant complètement ou sensiblement exemptes — c'est ce qu'on appelle le halo par réflexion. On confond, sous le nom de halo, des effets très divers, dont plusieurs sont dus à des causes complexes et mal élucidées ; celui dont nous parlons ici a, au contraire, une origine simple, il a été soigneusement étudié, et nous savons fort bien nous en affranchir : il est dû à des rayons lumineux qui, ayant traversé le verre, puis s'étant réfléchis totalement sur la face dorsale, reviennent attaquer par derrière le sel d'argent, formant autour de l'image d'un point une auréole circulaire, amollissant le contour des objets, rongeant les détails délicats. Il faut éteindre ces rayons, en les faisant passer au travers d'une couche colorée qui les rende inactifs ; elle peut être appliquée au dos de la plaque sous forme d'un enduit adhérent, de même réfringence, et l'on a maintes fois formulé des pommades que l'on peut étendre soi-même et, sans peine, faire disparaître avant le développement : elle peut être interposée par le fabricant entre le verre et la couche sensible, ou même ne faire qu'un avec celle-ci : la décoloration se fera, dans ce cas, après développement, soit spontanément, par l'action du bain de fixage, soit par une opération ultérieure qui n'a rien de compliqué. On trouve maintenant très facilement, dans le commerce, des plaques avec lesquelles tout danger de halo est écarté — en supposant qu'on ne fasse pas, en se servant par exemple d'objectifs mal entretenus, naître sous d'autres formes et pour d'autres causes un trouble de même nature.

En résumé, c'est aux plaques rigides, orthochromatiques et garanties contre le halo par réflexion, que nous engageons nos lecteurs à s'adresser dès le début.

Il est bien entendu qu'ils prendront garde, en les introduisant dans leurs appareils, ou dans leurs châssis, de ne pas les exposer trop longtemps à la lumière, rarement inoffensive, du laboratoire ; c'est bien souvent à ce moment que se prépare le voile dont plus tard on cherchera vainement la cause, et qu'il faut surtout redouter dans la photographie instantanée, car il apparaîtra d'autant plus aisément que la pose aura été plus courte ; le mieux est de charger dans l'obscurité complète : c'est une manœuvre à laquelle on s'habitue très facilement.

Ils ne manqueront pas non plus de débarrasser avec soin la couche sensible des poussières qui trop facilement s'y rattachent ; s'ils ne veulent pas courir le risque de trouver leurs images négatives traversées, comme une feuille de mille-pertuis, de trous qu'ils ne se feraient sans doute pas faute d'imputer au fabricant, ils passeront doucement un blaireau sur l'émulsion, après chargement : ils le passeront même encore avant développement. La précaution est particulièrement nécessaire avec les appareils à magasin : au moment où la lame de verre s'enfonce dans les rainures des porte-plaques, la tranche, si elle n'est pas rodée — et c'est le cas général — donne, par frottement contre le métal, une fine poussière qui se répand sur la gélatine, pour, au moment de la pose, intercepter les rayons lumineux, ou bien, dans le bain révélateur, empêcher l'action du liquide.

Si jeunes que nous supposions nos débutants, il semble inutile de leur rappeler pour finir que la couche sensible craint les coups, les rayures et les taches, qu'il faut la manipuler avec ménagements, et aussi éviter d'y promener les doigts, surtout quand ils sont humides.

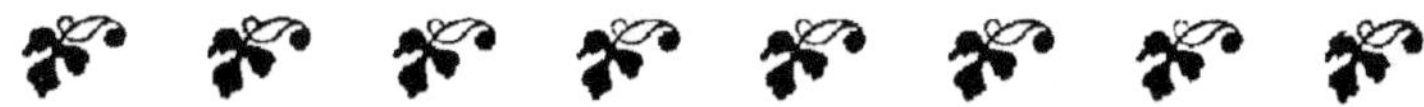

L'IMAGE NÉGATIVE

LE DÉVELOPPEMENT

L'objectif a été, un instant, découvert : la plaque sensible, en apparence inaltérée, a subi l'action de la lumière et en garde une trace mystérieuse qu'il nous faut maintenant révéler.

Plus d'un amateur, à ce moment, considère qu'il a rempli sa tâche, et que le reste est affaire de manouvrier : il porte à son fournisseur habituel rouleaux de pellicules ou paquets de glaces, et, plus ou moins patiemment, il attend qu'on lui livre, terminées et montées, les épreuves positives : s'il est économe, il aura commandé un tirage direct sur quelque papier banal : s'il voit les choses plus en grand, et qu'il en ait les moyens, il aura donné ordre qu'on lui fasse « de ce qui sera bon » des agrandissements, des charbons ou même des gommes, dont il se croira, du reste, très sincèrement l'auteur.

Ceux-là ne sont pas des débutants, pour la bonne raison qu'ils ne seront jamais des photographes, et ce n'est pas pour eux que nous écrivons !

S'ils savaient, pourtant, tout ce qu'ils perdent ! S'ils

soupçonnaient le plaisir qu'ils auraient à voir peu à peu, sous la lumière rouge de leur lanterne, s'estomper, puis s'affermir l'image attendue; l'émotion — le mot n'est pas trop fort — qu'ils pourraient trouver à en suivre et à en guider la venue, tandis que, s'efforçant de préciser leurs souvenirs pour mieux atteindre le but, ils verraient se reconstituer dans leur mémoire le tableau qui les a charmés et qu'ils ont rêvé de reproduire !

C'est à ce moment, peut-être, que le photographe, vraiment soucieux de son œuvre, éprouve les sensations les plus intenses et les satisfactions les plus vives; mais il n'en jouira guère si ses images sont trop petites — encore un argument contre les formats minuscules; — pas beaucoup plus si l'opération est trop rapide ou trop lente — auxquels cas on ne la suit pas ou la suit mal, car elle échappe, pour ainsi dire, à l'opérateur.

Or elle doit être conduite: pour être enfermée en des limites malheureusement un peu resserrées, notre intervention, pendant cette période où l'image négative apparaît et se constitue, est indéniable et souvent décisive; tous nos efforts doivent tendre à la rendre de plus en plus efficace; et c'est à coup sûr une des études les plus importantes que comporte notre éducation technique: étude complexe, et dont il faut, autant que possible, limiter le champ : gardons-nous donc de vouloir trop embrasser et, sur la foi des formulaires ou des prospectus, d'essayer à chaque instant des méthodes nouvelles !

Les agents révélateurs sont extrêmement nombreux, et la collection s'enrichit chaque jour: tantôt il s'agit de corps dont la constitution chimique est définie et connue; tantôt, sous des noms plus ou moins bizarres, de mélanges qui parfois rappellent le thé de Mme Gibou. Ce peut être à nous qu'est laissé le soin de combiner les

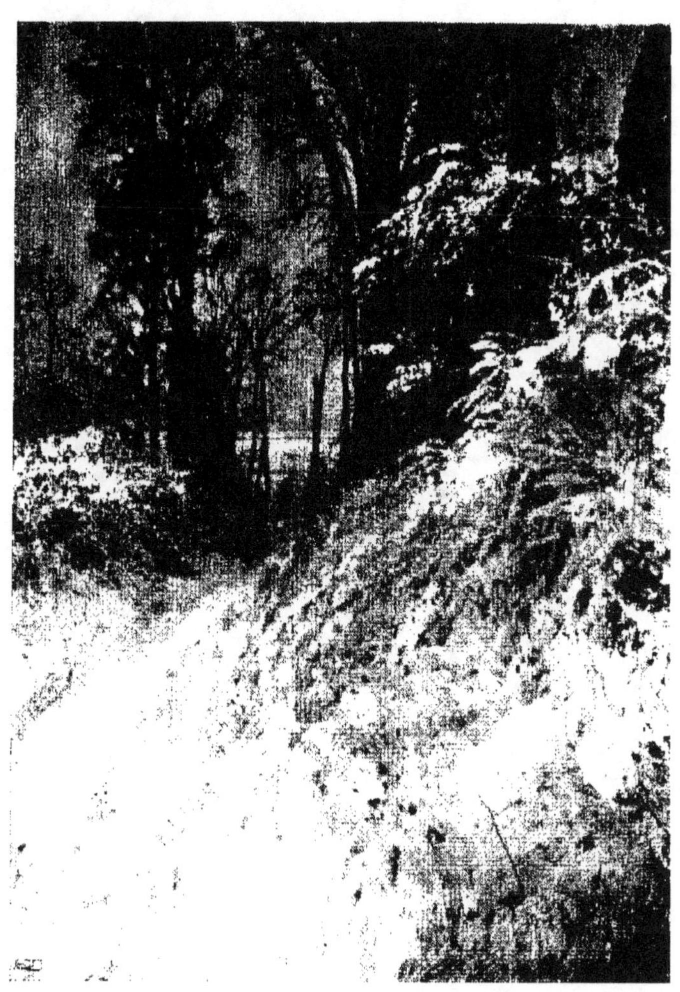

NEIGE

R. Demachy.

éléments dont se formera le bain, avec ou sans la faculté d'en modifier les proportions, suivant les circonstances, au cours même des événements; ou bien, au contraire, on nous offre un liquide magique où, sans que nous ayons à nous en occuper, l'image latente doit se transformer, de façon automatique, en image apparente: simplification merveilleuse, et déplorable, dans son principe comme dans ses résultats; il est à peine besoin de dire que nous la repoussons: on en pourra reparler quand nous aurons un moyen sûr de déterminer exactement le temps de pose, et de cela nous sommes loin, sans doute. Nous rechercherons, au contraire, entre tous ces agents, ceux qui nous doivent laisser le plus d'influence personnelle, et font à notre propre action la part la plus large. Nous en choisirons un, dont nous nous appliquerons à nous rendre maîtres, apprenant à en connaître et à en utiliser toutes les ressources; après quoi nous pourrons travailler sur d'autres, avec beaucoup de chances d'ailleurs, pour revenir au premier!

A vrai dire, il pourra nous être utile d'en avoir immédiatement deux à notre disposition: l'un plus maniable, l'autre plus rapide; à celui-là nous confierons nos grandes images, à celui-ci nos croquis ou nos documents de petites dimensions.

Pour le second, nous aurions, il y a quelques mois, conseillé le mélange de métol et d'hydroquinone; on a récemment mis dans le commerce, sous le nom de métoquinone, une combinaison définie de ces deux substances, qui paraît présenter de très grandes qualités et que l'on adoptera de préférence. Pour le premier, le pyrogallol l'emporte, à notre avis, sur tous les autres. Ses qualités ne sont contestées par personne: ses défauts n'apparaissent qu'en cas de mauvais emploi.

Ce n'est ici le lieu ni de faire une leçon de chimie photographique, ni de donner des formules, à la valeur desquelles nous ne croyons guère, ni, enfin, d'exposer en détail une méthode de développement : qu'il nous suffise de rappeler que l'action du pyrogallol exige, en général, l'intervention d'un alcali, et qu'elle doit être protégée, pour ainsi dire, par celle d'un corps qui l'empêche de prendre à l'air l'oxygène dont il est avide. Le bain comprendra donc, en même temps que l'agent principal, une solution alcaline — le carbonate de sodium paraît le plus désigné, mais peut, avec avantage dans certains cas, être suppléé par l'acétone — et une solution réductrice, pour laquelle le sulfite de sodium est exclusivement employé.

Nous pouvons, avec ces éléments, constituer, suivant nos besoins, des bains très variés, et les modifier constamment, en observant que, de façon générale, l'excès de pyrogallol tend à donner des clichés durs, et l'excès d'alcali des clichés gris. Ces bains sont sensibles à l'addition de bromure; mais il vaut mieux ne pas avoir recours à ce corps, dont les plaques fournissent elles-mêmes au mélange une quantité suffisante, et dont l'excès serait fâcheux. Remarquons enfin que fort souvent on trouve grand avantage à se servir de bains usagés.

Il faut, dans le développement de l'image négative, tenir compte de son passé et de son avenir : c'est-à-dire des conditions où la plaque a été exposée, et du procédé qu'on se propose d'employer pour obtenir l'image positive. Les défauts que nous pouvons avoir à craindre, d'après la nature du sujet et l'éclairage qu'il recevait, seront atténués ou au contraire aggravés, suivant que nous aurons bien ou mal préparé et conduit la révélation de l'image latente ; il nous faut, dans certains cas, rechercher la vigueur, et dans d'autres l'éviter ; parer à l'uniformité si nous croyons que la pose a été un peu longue, à la brutalité si nous redoutons qu'elle n'ait été trop courte ; être ici d'une sage prudence, là d'une habile hardiesse. D'autre part, pour certains procédés de tirage, le citrate, par exemple, ou plus encore la gomme bichromatée, nous avons besoin de clichés transparents et légers ; ils ne conviendraient ni aux diapositives, ni au charbon, ni à l'agrandissement. En tous cas, il faut éviter les opacités autant que le voile, et se rappeler que les négatifs très brillants ne sont pas toujours les meilleurs. Il y a là tout un apprentissage qu'il nous faut faire, un doigté que nous ne pouvons acquérir que par l'usage, une science, pourrait-on dire, dont on ne peut guère nous enseigner que les éléments.

Deux méthodes générales facilitent la conduite du développement : l'une repose sur l'emploi d'un bain unique, peu actif au début, et progressivement modifié au cours de l'opération même : l'autre utilise parallèlement plusieurs bains, d'énergie et de tendances différentes. Le photographe exercé pourra trouver avantage à les combiner ; le débutant fera sagement de se limiter à la seconde, telle qu'il la trouvera décrite dans les ouvrages didactiques, sous le nom de méthode des deux cuvettes ; elle lui rendra plus faciles les tâtonnements.

La venue des images ne se peut bien juger que par transparence, et l'on se trompe en croyant que le moment où elles apparaissent au dos de la couche sensible est celui où il faut arrêter l'opération ; il est donc nécessaire de pouvoir les examiner de temps à autre, et, pour cela, important d'avoir, dans le laboratoire, une lumière assez abondante, en même temps qu'inoffensive : la surface éclairée doit être étendue et diffusante : un panneau vitré, comprenant un verre jaune, un verre rouge et un verre blanc dépoli, séparant le laboratoire d'une autre pièce, et, derrière ce panneau, un bec de gaz ou une lampe à incandescence, forment une installation commode, mais dont il faut éprouver la sécurité. Le papier à l'« anactinocrine » donne également de bons résultats ; quant aux verres verts, dont l'emploi est fort agréable pour l'œil, il est dangereux pour les préparations orthochromatiques. Quel que soit d'ailleurs le filtre choisi, il faut éviter de l'éclairer directement par la lumière du jour, trop irrégulière et trop vive. Ajoutons enfin, pour en finir avec cette question de la chambre obscure, qu'on doit craindre les installations de fortune, comme celles que l'on peut trouver ou improviser en voyage ; c'est seulement au retour, dans le laboratoire auquel on est habitué, avec les produits que l'on connaît, qu'il faut développer les clichés pris en cours de route : pour faire de bonne besogne, il est besoin d'un certain confortable.

L'image négative arrivée au point où on voulait la conduire, il faut éliminer les substances sensibles qui, ayant échappé à l'action de la lumière, subsistent encore à l'intérieur de la couche : c'est le rôle du bain de fixage. Des dissolvants qu'on peut employer, l'hyposulfite de sodium est seul resté en usage ; on l'additionne souvent de bisulfite ou d'alun ; l'hyposulfite aluné, convenablement préparé, est extrêmement commode pour les plaques développées au pyrogallol : il ne se colore pas, même si le cliché y est introduit sans lavage préalable au sortir du bain révélateur ; mais il ne convient pas à toutes les méthodes de développement. Le bain de fixage s'enrichit assez vite en hyposulfite double de sodium et d'argent, corps qui se forme dans la couche par l'action de l'hyposulfite de sodium sur le sel d'argent inaltéré ; ce composé est sensible à la lumière et n'est que très peu soluble dans l'eau : il faut donc se méfier des bains trop usagés, et prendre tout au moins la précaution de faire séjourner quelque temps la plaque dans un second bain, neuf, mais qui peut être un peu étendu, d'hyposulfite de sodium. On assure beaucoup mieux ainsi la conservation des images négatives, et le lavage à l'eau, qui doit cependant toujours être fait avec grand soin, joue alors un rôle moins essentiel.

Pour le séchage, enfin, il faut encore quelque prudence ; si, sur les supports en bois dont on se sert d'habitude, on range les clichés humides sans les espacer suffisamment, il peut se faire irrégulièrement et laisser des traces qui rendraient le négatif inutilisable. Bien des photographies ont été gâtées faute des soins nécessaires pendant ces dernières opérations, que souvent on traite avec trop de négligence.

Il est fort à craindre que nos lecteurs, dans leurs premiers tâtonnements, ne commettent quelques erreurs, arrêtant le développement avant l'heure, ou le poussant trop loin : plusieurs de ces œuvres imparfaites peuvent cependant être sauvées par une opération de renforcement ou de réduction : là encore il faut être soigneux et prudent : une plaque ne doit-être traitée par le bichlorure de mercure et l'ammoniaque, ou par le persulfate d'ammonium, — car ce sont là, pour l'un et l'autre cas, les procédés les plus recommandables, — que s'ils ne contiennent plus aucune trace d'hyposulfite ; et elle doit être rigoureusement débarrassée, après coup, des agents qui ont servi à la modifier ; or, ce n'est pas chose très facile, et les chances d'altération de l'image sont toujours plus grandes après une opération de ce genre : c'est dire qu'on n'y doit recourir qu'en cas d'absolue nécessité ; et, si l'on tient beaucoup à son cliché, la prudence commande d'en faire tout d'abord un contre-type : c'est celui-ci qu'on renforcera ou réduira s'il en est besoin.

Il nous reste à parler d'une question fort délicate, la retouche du négatif : elle ne nous arrêtera pas bien longtemps : on doit ne s'y risquer que si l'on se sent suffisamment habile, et y apporter une très grande réserve ; ce peut être un excellent moyen d'améliorer l'image, et nous n'en contestons nullement la légitimité, mais il faut une main singulièrement légère : intervenez si vous le voulez, mais qu'on ne s'en aperçoive pas ! Quand vous serez passés maîtres, nous vous donnerons peut-être le conseil contraire ; mais alors vous n'aurez que faire de nos avis !

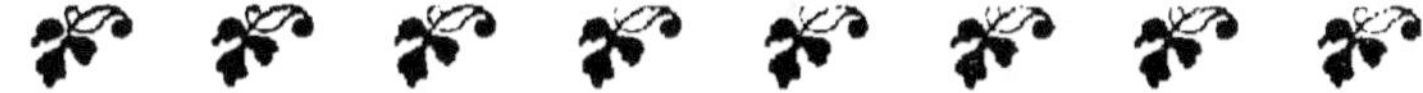

L'IMAGE POSITIVE

PROCÉDÉS AUX SELS MÉTALLIQUES

Nous voici presque arrivés à la dernière opération : après avoir tiré de notre négatif l'épreuve positive, qui est, en somme, le but de nos efforts, il ne nous restera plus, en effet, qu'à la mettre en valeur, par la recherche des conditions où elle se peut le plus avantageusement présenter.

Au moment où nous en sommes, deux voies s'ouvrent devant nous : l'une, très large et très courte, mais banale ; l'autre, au contraire, assez difficultueuse, mais moins fréquentée et plus digne de tenter une âme quelque peu artiste. Nous pouvons ne voir, dans cette transformation décisive de l'image, qu'un simple renversement, ayant pour seul but de la rendre plus lisible, et que nous nous efforcerons de simplifier ; mais il nous est loisible aussi d'y chercher et d'y trouver une nouvelle occasion — et la meilleure peut-être — d'affirmer notre sentiment esthétique par une interprétation personnelle. Nous pouvons, d'autre part, ou bien conserver à l'image ses dimensions actuelles, ou bien les augmenter, soit de façon fixe, au moyen d'un agrandissement sur papier, soit de façon passagère et variable, en passant par la diapositive de projection.

La question va se trouver ainsi tout naturellement subdivisée en trois parties, que nous aborderons successivement : tirages directs sur préparations aux sels métalliques; tirages directs par procédés pigmentaires; enfin, agrandissements et projections.

Procédés aux sels métalliques. — Nous nous appuyons ici sur le même phénomène que pour obtenir l'image négative, à savoir l'action que la lumière exerce sur certains sels. Cette action, plus ou moins profonde, selon qu'elle aura été plus ou moins énergique, prolongée, ou aidée, nous donnera définitivement, sur un support généralement blanc, un dépôt de métal libre dont l'opacité variable doit nous rendre, avec une fidélité malheureusement peu sûre, la disposition et la gradation des valeurs que présentait le sujet.

Nous pouvons d'ailleurs, ici encore, demander à la lumière de préparer seulement la réduction, en formant une image latente qu'il nous faudra ensuite révéler ; ou bien lui laisser tout faire, ou presque, de façon qu'elle nous fournisse une image apparente, complète, qui n'aura plus à subir que les opérations, pour ainsi dire accessoires, qui doivent la rendre moins altérable et en modifier, au besoin, la coloration ; ou enfin, prenant un moyen terme entre ces deux extrêmes, arrêter l'action lumineuse à une sorte d'ébauche, que les agents chimiques seront chargés de parfaire et de préciser.

Les procédés dits à noircissement direct sont ceux qui se prêtent le moins à l'intervention du photographe ; mais ils sont les plus facilement abordables, exigeant moins de temps et d'habileté que tous les autres ; il n'est besoin, pour y réussir, que de soin et de propreté. Leur règne n'est pas près de finir : aussi bien les artistes mêmes qui recourent aux méthodes pigmentaires demandent-ils à celles-ci de leur fournir tout d'abord une épreuve qui leur servira de guide et de témoin.

Si nous laissons de côté les papiers aux sels de fer, qui mènent vraiment à de trop vilaines choses, on peut dire que les procédés à noircissement direct utilisent presque exclusivement les sels d'argent, et très généralement le chlorure. Celui-ci peut, d'ailleurs, comme dans le papier salé, imprégner plus ou moins profondément la pâte, ou être au contraire emprisonné dans une couche colloïde, — albumine, gélatine ou collodion, — à laquelle le papier sert seulement de support inerte. A l'heure actuelle, le type le plus répandu, en France du moins, est une préparation au gélatino-chlorure, souvent désignée sous le nom de papier au citrate. Il demande des négatifs assez légers et transparents, et il en reproduit toutes les finesses avec une perfection que d'aucuns trouvent excessive, mais qui est, en général, fort goûtée. Quoi qu'il en soit, il est d'un trop fréquent usage pour que nous puissions n'en pas dire quelques mots.

L'image, formée complètement par la lumière, sans que l'opérateur ait pu avoir d'autre influence qu'en limitant localement la pose au moyen de caches, en ralentissant l'action lumineuse par filtration à travers un verre coloré, en atténuant au besoin la sécheresse du dessin par l'interposition d'une pellicule doucie, et en arrêtant les frais au bon moment, doit être, si on veut lui assurer un certain avenir, fixée et virée.

L'élimination, par l'hyposulfite, du sel non altéré, laisserait un positif, formé d'argent réduit, dont la stabilité serait insuffisante et le ton peu plaisant. C'est ici qu'intervient le virage, enrobant d'une pellicule métallique, mince, inaltérable et à demi transparente, les grains d'argent suspendus dans la gélatine. Le métal précieux, or ou platine, qui s'est ainsi substitué superficiellement, protège les parties profondes, et, par combinaison de leur coloration avec la sienne, permet d'obtenir une certaine variété de tons ; mais la série en est assez pauvre, et il n'est pas très facile de s'arrêter précisément à celui que l'on voudrait garder.

Le virage doit logiquement se faire avant le fixage ; mais on peut plus simplement — n'oublions pas que nous cherchons en ce moment la simplification avant tout — mener de front, dans un bain unique, les deux opérations. Théoriquement, la méthode est contestable ; pratiquement, elle n'est pas si mauvaise quand elle est bien employée ; au début, les fabricants eux-mêmes avaient donné à cet égard les plus pernicieux conseils ; et les épreuves qu'on avait alors tirées d'après leurs indications n'ont eu qu'une existence éphémère : maintenant on connaît mieux les choses, et l'on sait se garder du danger. Le grand ennemi, le ver rongeur qu'on semblait autrefois cultiver à plaisir, est un certain hyposulfite double de sodium et d'argent que nous avons dénoncé déjà dans un précédent chapitre. En lavant soigneusement les épreuves avant de les plonger dans le bain de virage-fixage, qui devra toujours être pris neuf ; en les passant ensuite dans une solution d'hyposulfite pur, puis, après un nouveau lavage, assez prolongé, fait avec de l'eau fréquemment renouvelée, dans une dissolution étendue de sel marin, qui se chargera d'éliminer par déplacement les dernières traces de sel fixateur, il semble bien établi qu'on peut assurer aux épreuves une durée raisonnable, et toute la stabilité que comportent les procédés aux sels d'argent.

L'opération ne doit être entreprise que dans des cuvettes bien propres, et avec des mains bien nettes : l'acide chlorhydrique, en solution étendue, peut très efficacement servir à purifier celles-ci et celles-là.

La mode est d'appliquer, pour les faire sécher, les épreuves au citrate sur des feuilles de tôle émaillée ; on obtient ainsi des images brillantes, qui restent assez planes, où les ombres sont transparentes, où aucun détail n'est perdu : pour les petits formats, les avantages l'emportent sur les inconvénients ; il n'en est plus de même quand on dépasse le 9×12. La substitution, à la tôle émaillée, d'un verre dépoli donne, au contraire, une surface mate dont l'aspect est plus artistique, mais où les noirs sont un peu enterrés.

Dans le même groupe que le papier au citrate, on peut ranger toute une collection de préparations admettant un traitement analogue et fournissant des images dont le caractère est à peu près le même ; nous ne pouvons évidemment songer à les énumérer.

Nous devons, au contraire, nous arrêter un peu sur un groupe très différent, bien que donnant encore des images par noircissement direct, et qui a comme type le papier salé. L'emploi en est facile, et même, pour quelques espèces, la préparation aisée, ce qui est un sérieux avantage ; les colorations obtenues, avec ou sans virage, sont variées et belles ; enfin, on peut faire concourir très utilement à l'effet la texture et le grain du papier. Aussi la photographie artistique utilise-t-elle parfois, avec grand profit, ce genre de préparations, qui vaut qu'on s'en occupe, comme on l'a fait récemment. Il faut seulement noter que plusieurs de ces papiers donnent au dessin quelque lourdeur, par empâtement des ombres, et ne peuvent guère convenir qu'aux grands formats. Là encore, d'ailleurs, l'influence de l'opérateur sur la formation de l'image positive est réduite à fort peu de chose !

Elle est un peu plus efficace dans les procédés par image latente et développement : la couche sensible est alors, en général, formée, comme sur les plaques, de gélatino-bromure d'argent. Nous retrouvons donc, en principe, les mêmes difficultés et les mêmes avantages que dans le traitement de l'image négative ; mais les premières sont plus grandes, peut-être, et les seconds moindres, à coup sûr ! Nous sommes, en effet, moins maîtres de conduire le développement, et par suite de compenser les erreurs d'exposition, alors qu'il nous faut encore déterminer le temps de pose à l'estime et sans pouvoir fonder notre appréciation sur une base bien solide. D'ailleurs, les révélateurs dont nous nous servions ne conviennent plus tous également, et nous devons, en particulier, renoncer à celui que nous avions choisi comme étant le plus docile : nous risquerions de donner aux blancs une coloration peu agréable. Il est bien une méthode de développement local, au pinceau ou au tampon, qui semble nous donner une grande latitude, permettant de pousser, sur certains points, d'arrêter, sur certains autres, la venue de l'image. Mais l'application n'en est ni très aisée, ni très sûre, car il est peu facile d'éviter les variations de teinte ; et, pour tant faire, mieux vaut aller de suite aux procédés pigmentaires : jamais, en effet, l'image n'est de bien belle qualité ; elle est toujours de ton froid et d'aspect terne. Le dernier défaut tient à la gélatine qui englobe l'image et la noie, pour ainsi dire : la matière est vilaine. Le premier peut être atténué soit par des virages, soit par d'autres procédés de transformation : on peut, par exemple, réduire l'épreuve par le bromure de cuivre, et la développer à nouveau, en plein jour, dans un révélateur dilué ; ou bien, au contraire, ne la pousser que très peu au début et la renforcer par le bichlorure de mercure et l'ammoniaque. Tout cela ne donne rien de bien solide !

La méthode par développement peut encore s'appliquer aux papiers qui, d'ordinaire, servent aux tirages par noircissement direct ; il suffit que la lumière y ait à peine fait soupçonner l'image pour qu'un bain révélateur puisse, par une sorte de renforcement, achever et compléter son œuvre. On peut ainsi obtenir des tons assez chauds et variés ; mais le principal avantage qu'offre cette façon de faire est dans l'économie de temps et dans la facilité qu'on trouve à tirer des épreuves positives à la lumière artificielle. Il n'y a pas encore là de bien grandes ressources pour les artistes !

On n'en pourrait pas dire autant du procédé au platine, dont les Anglais et les Américains ont su tirer un excellent parti, et qui nous fournit une transition toute naturelle entre les méthodes impersonnelles dont nous venons de parler et les méthodes personnelles dont traitera le prochain chapitre. Il a pour lui beaucoup d'avantages : il donne des images stables, où peut se réunir toute la gamme des gris, du blanc au noir ; il est remarquablement élastique, et il laisse au photographe une assez grande liberté d'intervention.

Il s'agit ici d'une réduction en deux temps, où intervient un sel de fer, et dont le résultat est un dépôt de platine métallique ; elle commence sous l'action directe de la lumière et s'achève dans une solution révélatrice d'oxalate neutre de potassium. En combinant différemment les deux éléments du mélange sensibilisateur, on peut soit approprier la préparation aux qualités du négatif, soit faire varier le ton du positif; former un papier à image développable, comme d'ordinaire, ou à noircissement direct. On peut d'ailleurs n'introduire le sel de platine que dans le bain révélateur.

La température de ce bain a une influence que l'on peut utiliser : chaud, il agit plus vite et fournit plus de détails; froid, il est plus lent et donne plus de contrastes. A ceux qui trouvent un peu frais le ton habituel, il est loisible d'obtenir les teintes plus chaudes en faisant intervenir un peu de chlorure mercurique. Il n'est pas jusqu'à l'altération du papier, sous l'influence du temps ou de l'humidité, dont les habiles ne puissent tirer bénéfice.

Enfin, le développement au pinceau, avec l'aide de la glycérine pour modérer, ou même arrêter net, la venue des images, est assez facile et ne présente pas les mêmes inconvénients que pour le papier au gélatino-bromure.

Le procédé au platine est, en somme, très digne de tenter l'effort de nos lecteurs.

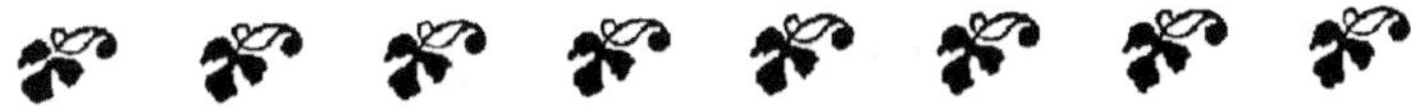

L'IMAGE POSITIVE

PROCÉDÉS PIGMENTAIRES

Ainsi que nous l'indiquions au début du chapitre précédent, les papiers pigmentaires mettent à la disposition du photographe des moyens d'intervention beaucoup plus puissants et plus complets que ne le font les procédés aux sels métalliques ; de là leur vogue rapide et justifiée.

Ils doivent leur supériorité à la nature particulière de leur composition ; par elle ils se séparent nettement des papiers aux sels d'argent ou de platine.

Tout d'abord, tandis que dans ces derniers l'image est constituée par un dépôt de métal provenant de la réduction d'un sel par une réaction chimique, dans les papiers pigmentaires la matière n'est autre qu'une poudre colorée inerte, telle que sanguine ou noir de fumée, qui a été étalée d'avance sur le papier après avoir été enrobée dans un colloïde sensibilisé ; l'action de la lumière à travers le cliché a simplement pour effet de fixer cette poudre aux endroits convenables. Et de là résulteront immédiatement les avantages suivants :

1° L'image a meilleur aspect, la matière possédant par

elle-même, avec de réelles qualités de gras et de puissance, de la matité et de la fleur ;

2° Elle peut revêtir toutes les nuances que l'on voudra, puisqu'on peut faire varier à l'infini les mélanges de couleurs dont on la constitue ;

3° Elle est inaltérable ;

4° On peut lui donner pour support les papiers les plus divers.

Mais il y a mieux encore.

Dans les papiers à sels métalliques, nous partons d'un papier blanc à l'origine, sur lequel une réaction chimique doit créer les tons. Nous ne sommes donc pas absolument maîtres de toute la gamme du blanc au noir, dominés que nous sommes par des forces obscures dont le travail a pu être insuffisant. D'autre part, les bains où s'effectuent les réactions noient l'image entière ; et si, dans le cas particulier du papier au platine, nous pouvons, jusqu'à un certain point, agir localement sur l'image, notre intervention, là encore, est toujours assez risquée, peu libre et forcément incomplète.

Si, au contraire, nous employons un procédé pigmentaire où l'image, noire à l'origine, est dégagée par *dépouillement*, il nous sera loisible de donner à chaque ton local l'intensité que nous jugeons convenable ; c'est qu'aux bains, dont l'action s'étend toujours à la totalité de l'image, s'ajoute ici pour nous un agent nouveau qui travaille par friction, — sciure de bois, pinceau ou éponge, — que notre main dirige et dont nous pouvons, à notre gré, localiser et graduer les effets ; avantage capital sur lequel nous voulons insister un peu.

Le procédé photographique, par essence même, figure de façon inexacte, et parfois même inversée, dans le motif qu'on lui demande de reproduire, certaines valeurs particulières ; ainsi la valeur du ciel par rapport au blanc des maisons, celle des verdures par rapport aux eaux ; voici un groupe d'arbres qui, placé à un arrière-plan, va donner une tache trop montée de ton, nuisant à la perspective aérienne ; ou bien encore une chevelure blonde qui va s'imprimer avec la vigueur d'une aile de corbeau. Ménager un ciel, estomper un lointain, éclaircir une boucle de cheveux, aviver le blanc d'une façade, laisser subsister une ombre qui viendra rompre la monotonie d'une plaine, etc., toutes ces opérations ne peuvent s'effectuer de façon sûre que par une touche directe et locale, appliquée sur l'épreuve positive ; et seuls les papiers à dépouillement nous permettent de la donner. Agissant sur l'épreuve positive, nous voyons, en effet, ce que nous faisons ; opérant par dépouillement, nous sommes maîtres du ton, et enfin, agissant par friction, notre main est libre d'imposer au travail de notre agent des limites précises. Auprès de telles ressources, directes et sûres, tous les maquillages — qu'ils soient appliqués sur la gélatine ou sur le dos du cliché — peuvent être tenus pour pratiques rudimentaires. Aussi bien ce que les photographes artistes prisent le plus dans l'emploi des divers papiers à dépouillement, c'est cette faculté d'agir sur les tons locaux, et par là de marquer l'épreuve du cachet de leur intervention personnelle.

Ajoutons enfin, pour terminer, que les méthodes dont nous parlons permettent, à l'égal des procédés à développement, d'agir sur les valeurs générales du motif ; en d'autres termes, de corriger le manque ou l'excès des oppositions qui existent dans le cliché. Il suffit de faire varier la durée d'exposition du papier sous châssis ; mais ici l'effet est inverse de ce qui se passe pour le papier au bromure : une exposition exagérée augmente les contrastes, une exposition abrégée les éteint. Ces corrections se feront d'ailleurs sans nuire à la beauté de la matière, comme il en est trop souvent dans les papiers à développement, et l'on voit aisément pourquoi.

Après ce bref panégyrique, passons en revue les divers papiers pigmentaires.

Si la plupart d'entre eux ont été mis en usage à des dates assez récentes, il en est un, le *papier au charbon*, qui peut s'enorgueillir d'une longue et honorable carrière ; il la doit à sa matière, très plaisante d'aspect, qui offre de beaux tons et ne s'altère point. Les Anglais le prisent fort ; mais, les qualités que nous venons de citer mises à part, il ne se distingue pas autrement des papiers à l'argent, car sa couche ne se prête pas au développement local, et, au point de vue de la liberté qu'il concède à l'exécutant, il ne vaut pas le papier au platine. Aussi est-il et demeurera-t-il sans doute le favori des photographes conservateurs de traditions saines, amoureux de clichés brillants et de transferts irréprochables.

Plus riche en ressources, et de plus d'avenir, est un procédé dérivé que M. Manly a vulgarisé dans ces dernières années sous le nom d'*ozotype ;* la matière y est la même que dans le papier au charbon, mais un seul transfert suffit. Nous n'avons pas à faire ici la théorie de ce procédé, peu répandu encore malgré ses réels avantages. Il est plus souple que le précédent, car si le dépouillement se fait également par simple dissolution dans l'eau chaude, on peut y joindre l'action du pinceau, de préférence après un premier séchage.

Viennent ensuite divers papiers qui n'exigent aucun transfert, et pour lesquels le dépouillement s'opère par l'action combinée d'un bain chaud et d'un frottement doux ; celui-ci est réalisé d'ordinaire en faisant couler sur la surface de l'épreuve de la sciure de bois mélangée d'eau ; mais l'opération peut aussi s'effectuer, soit totalement, soit partiellement, au pinceau. Ces papiers sont, par rang d'âge : *le charbon velours Artigue, le charbon satin Fresson, le papier Farinaud, le papier allemand dit de Hochcimer, le papier pigmenté (marque « deux Épées »)*; les deux premiers à base de gélatine, les autres à base de gomme alliée à la gélatine.

C'est par ces papiers, que l'on trouve tout faits et dont la fabrication est régulière, que nous conseillerons au débutant d'aborder l'étude des procédés pigmentaires ; en les manipulant il se fera la main et se fortifiera avant de s'attaquer au *procédé à la gomme ;* si nous nommons celui-ci en dernier, c'est qu'il demande, pour être traité comme il convient, un geste déjà assoupli (1). Surtout, que ce débutant ne s'épouvante pas, comme on le fait trop souvent par avance, des difficultés qui peuvent l'attendre ; ces difficultés sont minimes, du même ordre que celles qui accompagnent toute entreprise nouvelle, et il les vaincra rapidement s'il met quelque logique dans ses essais. Il n'est pas plus malaisé, en somme, d'obtenir une bonne épreuve sur Artigue ou Fresson que sur un papier au bromure ; et cependant le bromure n'effraie personne. Dans tous ces procédés, qu'ils soient à dépouillement ou à développement, une seule recherche doit être poursuivie : à savoir une réelle précision dans la durée de l'exposition à la lumière. Le reste n'exige que peu d'adresse, très peu même si l'on borne ses ambitions à obtenir une simple réplique du cliché.

Il est évident que pour qui veut aller au delà, pour

1. Voir *le Procédé à la Gomme Bichromatée*, par C. Puyo, 1 vol., Bibliothèque de *la Revue de Photographie*.

qui tient à intervenir utilement et à imprimer sa griffe sur l'épreuve, la difficulté du travail augmente, mais l'attrait grandit plus vite encore. Combien d'amateurs, faute d'un peu de persévérance et par manque de confiance en eux-mêmes, s'arrêtent à mi-chemin, qui possèdent cependant les qualités de goût seules nécessaires ici. Nous espérons que nos lecteurs moins timides — ou moins paresseux — après avoir constaté dans leurs premiers essais la haute valeur des procédés pigmentaires, auront à cœur de leur faire rendre tout ce qu'ils peuvent et doivent donner.

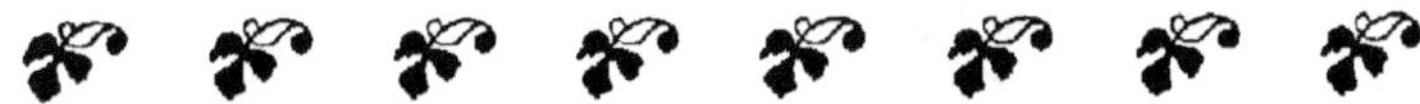

L'IMAGE POSITIVE

AGRANDISSEMENTS ET PROJECTIONS

L'amplification des images photographiques est devenue, en ce temps où les petits appareils accaparent, de façon trop exclusive, les préférences des amateurs, une opération courante et pour ainsi dire essentielle. Elle a d'ailleurs à remplir un rôle plus important et plus noble qu'il ne semble au premier abord : si elle n'avait pour avantages que de favoriser en même temps nos prétentions et notre paresse, nous permettant de faire, grâce à une transformation en quelque sorte automatique, de grandes épreuves au prix d'un petit effort, nous ne lui aurions pas donné place dans cet ouvrage, dont la pensée dominante a été d'éveiller et de développer chez nos lecteurs la personnalité et le goût des recherches artistiques. Assez de cadres inutilement énormes encombrent déjà les panneaux des expositions annuelles !

Mais si la transformation est, au contraire, intelligente et sage, elle peut élever les qualités esthétiques de l'image directe, et en atténuer les inévitables défauts : c'est par là que la question nous intéresse singulièrement !

Pour corriger ce que l'image directe peut avoir de sec et souvent d'un peu mesquin, pour lui donner une facture plus large et plus grasse, l'amplification nous fournit des ressources très spéciales et très précieuses : dans l'épreuve agrandie, que nous pouvons voir de plus loin, les détails perdent de leur abusive importance, les lignes et les masses s'accusent plus aisément, l'impression d'ensemble se laisse mieux percevoir. La perspective, en même temps, devient, si nous le voulons, plus satisfaisante et plus juste ; et cette dernière considération mérite que nous l'examinions quelque peu. On a souvent reproché à la photographie de fausser la perspective linéaire : si la critique n'est pas sans fondements, c'est que, trop souvent, nous ne regardons pas les images — et même ne pouvons pas les regarder — dans les conditions qu'il faudrait : notre œil devrait être placé au *point de vue*, c'est-à-dire que sa distance à l'épreuve devrait être précisément égale à la distance focale de l'objectif qui l'a fournie ; pour une image directe donnée par un instrument à court foyer, ce n'est pas chose faisable ; mais la difficulté peut disparaître si cette image a été convenablement agrandie ; la distance du point de vue se trouvant augmentée dans le même rapport que les dimensions linéaires, il nous est loisible de choisir pour ce rapport une valeur telle que nous soyons spontanément amenés, pour examiner l'épreuve définitive, à placer notre œil, très sensiblement du moins, dans la position nécessaire ; et cette condition se traduit par des règles numériques dont il ne faut pas nous trop écarter : nous ne sommes donc pas, à cet égard, libres de fixer arbitrairement l'échelle d'amplification.

Nous avons dit que les opérations d'agrandissement nous permettaient d'atténuer les défauts inévitables de l'image primitive ; il ne faudrait pourtant pas donner à cette assertion une portée trop générale, et croire qu'on trouvera là un remède aux erreurs de mise au point ou de développement : si, par exemple, abusant du diaphragme, on a donné au champ de netteté une profondeur excessive, il est clair que dans l'épreuve agrandie la perspective aérienne demeurera défectueuse, tout autant qu'elle l'était dans le cliché original.

Même avec ces restrictions — et l'on observera qu'elles portent en somme sur des défauts inévitables — l'amplification, bien comprise et bien conduite, est pour nous un procédé de transformation très utile, en même temps que très intéressant et fort digne que nous cherchions à nous en rendre maîtres.

Nous pouvons l'utiliser de deux manières différentes, projetant l'image, agrandie par un système optique, soit sur une surface sensible où elle s'imprimera de façon définitive, soit sur un écran inerte qui ne la recevra que passagèrement.

Dans le premier cas, nous avons affaire à ce qu'on appelle plus spécialement les agrandissements ; dans le second, aux projections.

Agrandissements. — Ici encore nous pouvons choisir entre deux méthodes : ou bien nous passerons, sans aucun intermédiaire, du négatif original à la grande épreuve positive, dont nous obtiendrons ainsi, de façon immédiate, un exemplaire unique ; ou bien, de ce négatif, nous préparerons d'abord une copie positive transparente ; c'est de celle-ci que nous nous servirons pour faire un nouveau négatif, présentant les dimensions que nous nous sommes fixées, et nous permettant le tirage, par contact, d'épreuves positives en nombre illimité.

La première, ou *méthode directe,* est la plus simple et la plus rapide ; mais, à moins d'installations dispendieuses, elle n'admet l'usage que de préparations à grande sensibilité, comme le gélatino-bromure.

La seconde, ou *méthode indirecte,* a le grand avantage de se prêter à l'emploi de tous les procédés positifs — étant bien entendu, cependant, d'après ce que nous avons dit aux chapitres précédents, qu'il sera sage de se décider d'avance, et de donner au grand cliché le caractère qui se prête le mieux au procédé choisi. De plus, elle laisse à l'opérateur plus de facilités pour intervenir et plus d'occasions de le faire. C'est évidemment la plus recommandable, surtout pour les photographes auxquels le Ciel a fait des loisirs !

L'application de l'une et de l'autre soulève d'ailleurs quelques questions communes que nous traiterons très sommairement, nous limitant aux plus importantes.

Le système optique peut être simple ou composé. Dans le premier cas, il se réduit à un objectif : le cliché que l'on veut amplifier est éclairé uniformément par de la lumière diffuse, — généralement celle du jour, que tamise un verre dépoli ; il joue le rôle d'un objet, émettant lui-même de la lumière dans toutes les directions. Dans le second cas, à l'objectif est associé un condensateur, derrière lequel est une source de lumière — le plus souvent artificielle — qui doit être intense et de dimensions apparentes très réduites. Le cliché, placé presque au contact avec le condensateur, joue le rôle d'un filtre, diversement transparent dans ses diverses parties, et ne fait que transmettre, plus ou moins affaiblis, les rayons lumineux sortant du condensateur ; ceux-ci forment un cône convergent, dont le sommet est dans l'objectif même, puis ils divergent pour aller projeter sur l'écran comme

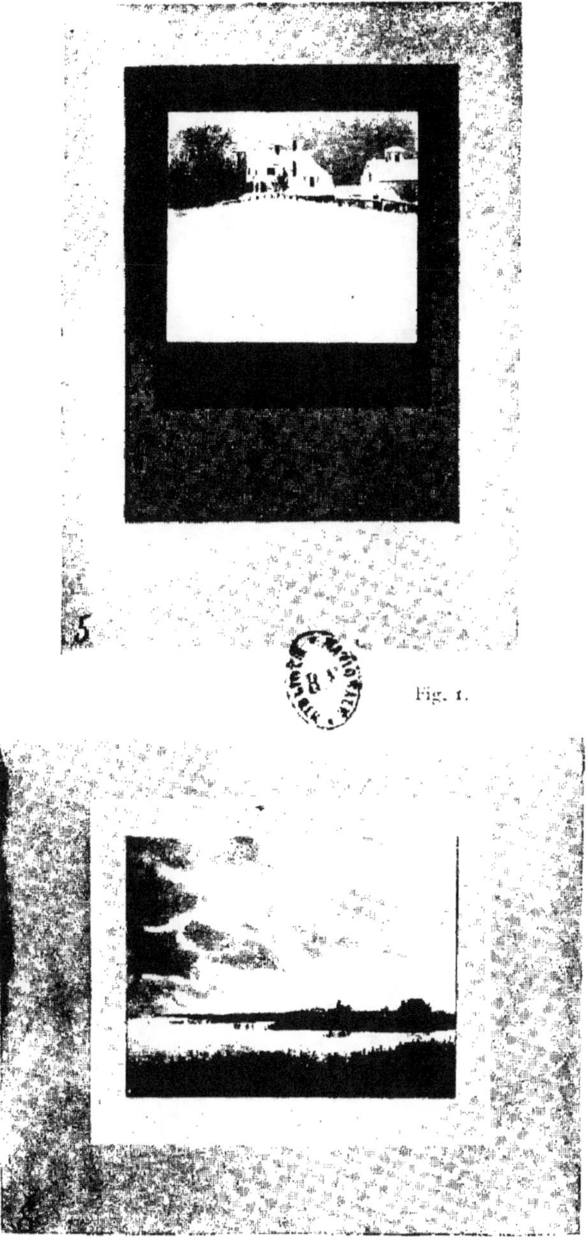

Fig. 1.

Fig. 2.

une ombre, nettement dessinée, mais que vient souvent troubler une image très floue de la source.

En lumière diffuse, l'objectif travaille avec toute son ouverture et, comme il y a intérêt à ce que cette ouverture soit aussi grande que possible, il doit être fort bon ; avec la lumière transmise, au contraire, tout se passe, quand le condensateur est bien corrigé et le système bien réglé, comme si l'objectif, quel que soit d'ailleurs le diaphragme dont il est réellement muni, était très fortement diaphragmé : il peut donc être de qualité plus médiocre. En principe, il est bon, surtout si l'on opère en lumière diffuse, d'employer pour l'agrandissement l'instrument même qui a fourni le négatif original.

Le cliché doit être très complet et bien net, exempt de voile — particulièrement si l'on agrandit en lumière transmise — et doux, mais d'une intensité suffisante : léger, il fournira une image grise ; dur, une image brutale, car l'amplification, loin de corriger les erreurs de développement, tend à les exagérer ; il sera parfois nécessaire de renforcer un peu les négatifs développés en vue d'un tirage sur papiers au citrate.

La mise au point est chose assez délicate, d'abord parce que l'image est toujours plus ou moins imprécise, puis parce que les meilleurs objectifs peuvent présenter, quand on les affecte à ce service, un peu d'aberration chromatique : le mieux est — après avoir réglé l'installation aussi bien que possible en se fondant soit sur l'examen optique, soit sur des tables numériques dont le calcul est facile, — de faire méthodiquement une série d'essais photographiques.

C'est aussi par tâtonnements que l'opérateur prudent recherchera et le meilleur temps de pose et le meilleur développement. Presque tous les révélateurs peuvent être utilisés ; cependant, s'il s'agit de l'image définitive, plusieurs, qui sont excellents, devront être laissés de côté, et particulièrement le pyrogallol alcalin, comme pouvant donner à l'épreuve un ton peu agréable ; pour une raison analogue, le développement au pinceau, qui permettrait au photographe une intervention en apparence facile, est au contraire d'un emploi malaisé : on aurait grand'peine à éviter les inégalités de ton. On a d'ailleurs, de façon générale, fort peu d'action sur la venue de l'image, les blancs tendant à jaunir si l'opération se prolonge quelque peu.

En ce qui touche plus particulièrement la méthode indirecte, il nous paraît recommandable de répartir l'amplification entre les deux opérations successives qu'elle comporte, c'est-à-dire de donner à la copie positive intermédiaire des dimensions déjà supérieures à celles du négatif original ; il est essentiel de préserver, par l'un des divers moyens connus, cette copie de tout halo. Quant au négatif final, destiné aux tirages par contact, la même précaution, quoique moins essentielle, est encore nécessaire ; on obtient de très bons résultats en se servant, pour le recevoir, d'un papier sensible dont le grain ne soit pas trop grossier ; les retouches et les maquillages s'y feront beaucoup plus aisément que sur une plaque, — sans compter d'autres avantages sur lesquels il semble inutile d'insister ; le seul inconvénient, et il n'est pas bien grave, se fait sentir au moment des tirages, dont la durée se trouve forcément augmentée.

Projections. — La préparation des diapositives destinées aux projections se rattache étroitement à la première des deux opérations que comprend la méthode indirecte ; souvent même elle se confond avec elle, beaucoup de photographes se servant, pour l'agrandissement, des positifs qu'ils ont établis à fin de projections. Il faut seulement observer que le ton de ces positifs, étant dans le dernier cas celui de l'image définitive, devra être l'objet de soins tout particuliers.

La question est d'importance : avec ses ombres transparentes et profondes, avec ses blancs purs et lumineux, l'image passagère qui se dessine sur l'écran peut l'emporter de beaucoup sur ce que donnent les divers procédés d'impression sur papier, qui se heurtent toujours à l'empâtement. C'est, de toutes les formes que peut prendre la photographie, la plus séduisante et la plus flatteuse ; mais il est essentiel que la coloration soit plaisante à l'œil : car c'est elle qui nous frappe tout d'abord, et cette première impression emporte notre jugement.

Si l'on peut opérer le tirage des diapositives par contact, les plaques au chlorure d'argent, dites à tons chauds, sont susceptibles de donner, sans virage, avec une pose et un développement convenables, d'excellents résultats; l'emploi d'une source de lumière artificielle et d'un révélateur invariable rend assez facile une production régulière. Mais, s'il est nécessaire de modifier, — c'est presque toujours par réduction, — les dimensions du cliché primitif, ces plaques, dont la sensibilité est médiocre, ne sont guère utilisables; il faut alors recourir au gélatino-bromure, dont les tons froids doivent être modifiés par un virage assez difficile à mener à bien.

On se préoccupera également, au moment de développer, des conditions où se fera la projection, l'intensité des diapositives devant varier en raison de la puissance qu'aura la source lumineuse.

Le commerce ne nous fournit pas encore de plaques antihalo pour diapositives : on est donc obligé de recourir aux divers enduits que le photographe doit étendre lui-même au dos de ses plaques ; il y a là une petite complication, qui n'est pas bien grave et à laquelle on aurait grand tort de ne pas se résigner ; car les précautions contre le halo sont, en l'espèce, particulièrement nécessaires.

Quant au voile, il est plus facile de l'éviter ici que dans le traitement de l'image négative, les préparations employées étant de sensibilité moindre ; on peut même éclairer beaucoup plus largement le laboratoire où l'on en fait le développement.

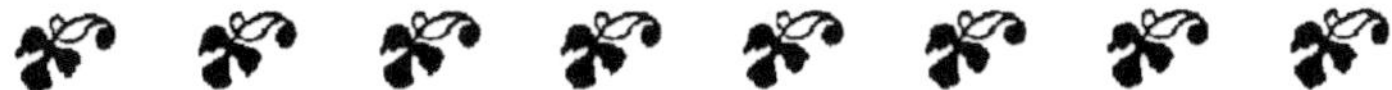

MISE EN VALEUR DES IMAGES

S'étant assimilé les principes que contenaient nos premiers chapitres, le débutant s'est trouvé, quelque jour, récompensé de cet effort en voyant naître sous ses doigts un irréprochable phototype — pour parler le langage barbare que des conciles nous imposèrent.

A ce moment, de nouveaux problèmes se sont offerts à lui, que nous avons voulu l'aider à résoudre : pour le choix qu'il devait faire entre les divers procédés positifs, pour la manière dont il convenait d'employer chacun d'eux, il a pu — nous l'espérons du moins — trouver dans nos conseils les indications générales dont il avait besoin ; notre dessein n'est pas d'y revenir.

Mais si, non content d'obtenir une bonne image positive, il est soucieux d'en faire une excellente ; s'il veut, de son cliché, tirer le meilleur parti possible, il est nécessaire qu'il entreprenne, devant ce cliché, une étude particulière et personnelle ; qu'il recherche quel procédé, quelle texture de papier, quelle couleur de virage ou de pigment, quelle coupe, quel encadrement enfin mettront le mieux en valeur les qualités de son œuvre, ou en atténueront le plus favorablement les faiblesses.

C'est dans cette étude que nous voudrions le guider maintenant.

Étant donnée sa qualité de débutant, nous supposerons qu'il peut disposer de tous les papiers, le papier à la gomme excepté; et que, lié en quelque sorte par l'image négative déjà obtenue, il peut améliorer son ouvrage, mais non le transformer.

Choix du papier. — En réalité, pour bien faire, le choix du papier devrait être décidé dans l'esprit de l'opérateur avant le développement de l'image négative. Nul n'ignore que les préparations positives n'inversent pas toutes exactement les opacités du cliché; si les papiers à l'albumine ou au gélatino-bromure — quand le développement est bien conduit — donnent une traduction à peu près juste des valeurs, d'autres, tels que les papiers salés, les papiers au platine, au charbon, ceux du type « Résine » aussi, tendent à diminuer plus ou moins les oppositions, et à fournir, par suite, d'un cliché qui manque d'intensité ou de contrastes, des images grises et monotones. Au contraire, des négatifs un peu faibles — s'ils sont bien fouillés, bien détaillés, condition indispensable dans tous les cas — doivent donner des images très bonnes si on les tire sur des papiers du genre citrate, sur les papiers Artigue ou Fresson.

Trop souvent, il n'est au choix du procédé positif d'autre raison que l'habitude; les Anglais affectionnent le charbon, les Américains le platine, tel amateur s'en tient au papier Artigue, tel autre au papier salé. C'est le sujet même, la nature de l'effet que l'on se propose de rendre, qui seuls devraient au contraire nous guider, et sinon imposer, du moins restreindre notre choix. Ici nous obtiendrons plus de vigueur et de nerf, et là plus d'enveloppe et de délicatesse ; tel papier est à prendre parce qu'il est brillant, tel autre parce qu'il est mat. Bien profiter de ces qualités variées pour arriver à une bonne traduction, est affaire de goût, et nulle règle absolue ne saurait dès lors être énoncée. Par la pratique des divers modes de tirage, l'amateur arrivera à se former une opinion personnelle sur ces questions. Il constatera, par exemple, que la matité convient aux sujets de tonalité légère ; que, si le motif se tient dans les notes très sombres, un papier un peu brillant, n'enterrant pas les noirs, devra être préféré. S'il a déjà, au cours du développement, recherché quelque effet, de monotonie ou de contraste, il choisira le procédé qu'il sait capable d'accentuer encore cet effet.

Il aura également à choisir entre les papiers lisses et les papiers à grain. Le grain du support a pour mission de donner un peu de corps à la matière, assez pauvre, de certaines préparations positives, et aussi d'atténuer la sécheresse du tracé photographique, insupportable dans les images un peu grandes ; les papiers salés, ceux au bromure s'en trouvent bien ; le Fresson, la gomme peuvent s'en passer, surtout dans les petits formats, ayant par eux-mêmes un grain suffisant.

Pareillement on verra s'il n'est pas avantageux de diminuer, en quelque mesure, la netteté de l'image, en interposant une feuille de gélatine ou de celluloïd entre le cliché et l'épreuve ; celle-ci acquerra par là plus de douceur et d'enveloppe. On pourra interposer, de même, une toile ou une mousseline, de façon à créer un grain qui brise la continuité du modelé photographique.

Le papier support peut n'être pas blanc ; on en fait

de tons divers, jaune, gris, etc.; le charbon peut être transféré sur de l'or. Mais à vrai dire, tout cela est d'un usage fort restreint, assez dangereux, et constitue des fantaisies sans grande portée. L'emploi d'un papier légèrement bis est cependant à recommander dans les tirages en sanguine.

Couleur de virage ou de pigment. — Des considérations de même nature que celles qui précèdent détermineront, — avec plus de précision peut-être, — le choix à faire entre les diverses couleurs que l'on peut donner à l'image.

Aujourd'hui l'amateur dispose, à ce point de vue, de ressources extrêmement étendues. Les procédés de virage, multipliés à l'infini, lui permettent de modifier la tonalité des papiers à impression directe ou à développement, de faire varier cette tonalité du noir pur au noir bleu, au noir bistre, au noir rougeâtre; les papiers à dépouillement sont bien plus avantageux encore : ils fournissent des couleurs, très franches, en nombre illimité. En fait, et dans la pratique, le choix se restreint aux nuances dérivées de deux couleurs primordiales : le noir et le rouge. On peut dire que le noir convient à tout; mais il est parfois avantageux de nuancer le noir pur : par exemple, d'y mettre une pointe de bleu pour traduire un effet de neige, un effet crépusculaire; d'y mettre une pointe de bistre s'il s'agit d'un portrait. Le rouge a des applications beaucoup plus réduites; il ne convient guère qu'aux têtes blondes, aux portraits clairs sur fonds voisins du blanc; cela tient à ce que le rouge, s'il possède de l'éclat, n'a en revanche aucune vigueur. Veut-on lui faire rendre un ton sombre, il se dérobe en donnant une matière creuse. Nous insistons là-dessus ; car trop de débutants se laissent attirer par cette couleur à l'éclat fallacieux, comme l'alouette par le miroir ; et il n'est pas rare — *horresco referens* — de voir des paysages, ou encore des effets à la Rembrandt, imprimés en sanguine.

Il convient, à l'égal des rouges, de se défier des dérivés du jaune. C'est un fait bien caractéristique que la difficulté de l'emploi des bistres en typogravure. Le bistre tend à fournir des images absolument ternes ; il ne saurait entrer dans l'usage courant que pour nuancer les noirs.

En somme, dans notre procédé, le noir doit constituer la couleur type ; regardons, pour nous en convaincre, ces images multicolores, violet faux, rouge lie-de-vin, jaune indéfinissable, qui remplissent les journaux « entièrement illustrés par la Photographie », déshonorent nos kiosques, et empoisonnent le goût public.

Coupe de l'image. — L'image obtenue, il faut maintenant en décider la coupe. Pour bien faire, cette étude devrait précéder le tirage définitif et s'effectuer sur une épreuve d'essai. Il peut d'abord en résulter une économie : une feuille 13 × 18 pouvant suffire à imprimer la partie reconnue bonne d'un cliché 18 × 24. En outre, cette étude préalable nous amènera parfois — souvent même — à sacrifier un fort morceau du cliché, si bien qu'un agrandissement de la portion conservée deviendra chose utile. Une grande partie des épreuves qui figurent dans les Salons photographiques ne sont autre chose que des fragments amplifiés d'un cliché ; et cela se comprend aisément si l'on songe que les angles embrassés par les objectifs modernes et utilisés dans les appareils courants sont, pictorialement parlant, beaucoup trop ouverts, que par suite l'unité du motif est compromise, et l'effet diminué, par l'importance excessive d'alentours inutiles, partant nuisibles. Remarquons aussi que nos formats de plaques sont arbitraires, et qu'aux motifs infiniment variés que nous offre la nature, doivent s'ajuster des coupes également variées. Il n'existe donc pas de cliché qui ne gagne à être intelligemment rogné ; c'est un petit sacrifice à faire ; il coûte aux débutants, et aussi à de vieux photographes, mais il est inéluctable ; le succès est à ce prix.

Pour étudier la coupe de l'épreuve, tout amateur doit posséder deux équerres en papier, donnant chacune les deux côtés d'un angle droit, les promener sur l'épreuve d'essai et tâtonner longuement. Il trouvera ainsi, pour la coupe, plusieurs solutions admissibles entre lesquelles il devra choisir. Il aura parfois avantage à ne pas couper l'image parallèlement aux côtés du cliché ; il accentuera ainsi le mouvement des figures et améliorera la tenue des lignes. Certes, ici aucune règle, aucun principe absolus ; cependant il est curieux de constater qu'une épreuve étant soumise à plusieurs amateurs exercés, ceux-ci s'arrêteront à la même coupe, obéissant ainsi à des suggestions, peu définies mais impératives, de l'œil.

On ne saurait trop insister sur l'importance d'une coupe habile ; c'est grand dommage que nombre d'amateurs la méconnaissent, et laissent à des mains mercenaires le soin de rogner l'épreuve pour la faire entrer dans un de ces formats officiels, visite, album, etc., dont l'usage systématique n'est admissible que dans la photographie professionnelle.

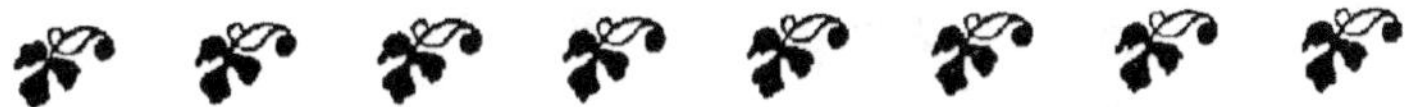

L'ENCADREMENT

On ne saurait trop insister non plus sur le rôle essentiel que jouent le montage et l'encadrement dans la mise en valeur des images. Par ses tonalités, son aspect pigmentaire, sa matière en un mot, la photographie diffère trop des autres procédés monochromes pour qu'il soit possible d'appliquer à nos épreuves, sans retouches ni modifications, les modes d'encadrement admis pour les dessins. Après de nombreux tâtonnements, traversés d'erreurs ou d'excentricités, les idées se sont assises, ainsi qu'on l'a pu constater dans les récents Salons de Photographie, et les genres en faveur aujourd'hui obéissent en somme à des principes rationnels qu'il convient d'envisager tout d'abord.

La première fonction de l'encadrement est d'isoler l'épreuve, afin que l'œil du spectateur ne soit pas distrait par le voisinage immédiat ou d'une autre épreuve ou d'une tenture criarde ; il la remplira donc en entourant l'épreuve d'une zone neutre, d'une bordure aux lignes calmes, aux tonalités rompues et éteintes. Cette simple constatation doit, par suite, nous faire écarter *a priori* les moulures trop voyantes, trop riches, aux profils ou aux contours trop compliqués, les marges teintes en couleurs trop franches ou trop crues.

En second lieu, l'encadrement doit faire valoir l'effet que l'on a poursuivi en imprimant l'épreuve, et les qualités particulières, douceur ou puissance, dont on a essayé de la doter. Ceci nous guidera dans le choix, fort délicat, de la teinte à adopter pour la marge.

Enfin l'encadrement est soumis à certaines règles qui puisent leur force dans une tradition généralement acceptée ; celle-ci a fixé les rapports entre les largeurs respectives des quatre marges, entre la grandeur de l'épreuve et la grosseur du cadre, entre les largeurs respectives des marges et de la baguette en bois qui les entoure. Nous traiterons de ces questions un peu plus loin.

Tous les genres d'encadrement se ramènent à deux :

1° L'encadrement en plein bois ;

2° L'encadrement à marge.

Encadrement en plein bois. — L'encadrement en plein bois est très en faveur auprès des amateurs anglais qui emploient, en général, le charbon comme procédé de tirage. Il semble, en effet, que cet entourage s'applique assez bien aux papiers classiques, dont l'aspect est vraiment photographique, aux papiers salés, albuminés, aux papiers au bromure, au platine, au charbon ; il semble convenir aussi à l'Artigue, au Fresson et à leurs dérivés, mais non à la gomme ; presque tous les gommistes se servent exclusivement de l'encadrement à marge.

Certains papiers acceptent le cadre en or éteint ou le cadre teinté avec rehauts d'or, mais il faut que l'image

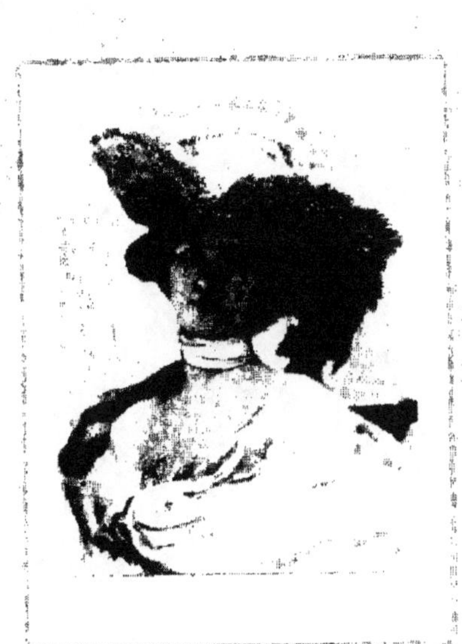

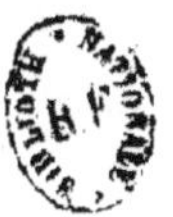

soit alors d'une tonalité très franche, noir pur ou rouge sanguine. L'or ne saurait convenir aux images genre allemand ou américain. Son usage est donc délicat et, dans la généralité des cas, les bois, naturels ou teintés en neutre, doivent être préférés.

Parmi ceux-ci, le chêne a trop de robustesse ; son ton naturel est froid et l'on agira prudemment en le réservant pour ces cadres minces et étroits qui complètent les encadrements avec marges.

A des images qui manquent en somme d'accents, d'empâtements, et sont maigres de matière, les bois à grain fin, le pommier, le noyer, le bois blanc, s'associent mieux. Le premier, d'un joli ton, peut être utilisé à l'état naturel ; les autres demandent à être teintés.

Que doit être cette teinte ? Rappelons ici qu'on peut encadrer par contraste : une sanguine dans un cadre vert ; ou, par similitude : un charbon de ton brun chaud dans un bois roussi au brou de noix. Le choix à faire est une question de nuances, et aussi une affaire de goût. On peut dire, je crois, que les bleus et les bruns sont les plus difficiles à bien entourer ; en revanche, les noirs francs et les rouges s'accommodent à peu près de tout ; seule la sanguine accepte le blanc.

Signalons enfin la vogue, très explicable, de ces baguettes américaines en bois lisse, vernies ou recouvertes d'une substance laquée, dont l'aspect est séduisant et dont les profils, d'un dessin très simple, ont de l'élégance.

Toute moulure, en résumé, doit être de coupe peu compliquée, avoir un profil adouci, et l'on doit redouter des arêtes trop accentuées et trop multipliées qui accrocheraient le regard. Sa largeur sera inversement proportionnelle à la grandeur de l'épreuve ; une épreuve 9/12 demande, en effet, un cadre large, tandis qu'un 24/30 pourra s'accommoder d'une baguette mince.

Encadrement à marges. — Les encadrements à marges dérivent tous du genre classique, utilisé depuis longtemps pour la mise en valeur des gravures et des dessins anciens. Dans ce genre, le fond de la marge est de ton bleuté, ou bis, ou vert éteint, couleurs qui s'harmonisent bien avec les sanguines, les sépias, les crayons noirs ; d'ordinaire, cette marge n'est pas unie, et l'on y fait succéder des traits au tire-ligne, des filets en or et des plats plus larges, constitués par une teinte en lavis rappelant la tonalité générale de la marge. Le tout est entouré d'un cadre étroit en vieil or ou en bois teinté.

Ce mode d'encadrement s'applique bien aux images tirées sur papier à dépouillement ; il en fait ressortir les vigueurs. Mais, assez coûteux, il peut être remplacé par une combinaison de papiers superposés à l'américaine. Le procédé américain a de grands avantages ; supprimant l'encadreur, ou tout au moins réduisant singulièrement son rôle, il permet à l'artiste de donner à la marge exactement les proportions et les nuances voulues par lui ; il est très économique et aussi très souple, car les nuances des papiers du commerce sont d'une variété infinie.

Étudions les différents problèmes qui se posent lorsque l'on veut exécuter un encadrement de ce genre : couleur générale de la marge — ton général de la marge — largeur de la marge — rythme à adopter dans la succession des tons — rythme à adopter pour les largeurs respectives des marges secondaires formées par les retraits successifs des papiers.

a) Couleur générale de la marge. — C'est une question de nuances. On a généralement le choix entre les gammes suivantes : 1° gammes franches : gamme des jaunes, gamme des bleus, gamme des verts, gamme des rouges ; 2° gammes composites : gamme des gris et gamme des bruns. En présentant l'épreuve successivement sur des papiers variés, on se rendra compte assez facilement de la gamme à adopter. Après quoi il faut chercher quelles sont les trois ou quatre nuances qui pourront le mieux s'allier à l'épreuve. C'est une opération assez longue, traversée d'hésitations. On constatera en général :

Que les épreuves rouges acceptent la gamme jaune, la gamme verte, la gamme gris-bleu, — c'est-à-dire s'encadrent par contraste ou par similitude ;

Que les épreuves de ton brun s'accommodent mieux de l'encadrement par similitude : gamme jaune, gamme rouge, gamme brune, gamme grise ; qu'elles redoutent les verts et les bleus ;

Que les bleus acceptent seulement la similitude : gammes bleues et grises ;

Que les noirs, quand ils sont francs, s'accommodent de tout ; mais que, s'ils sont nuancés, ils doivent être traités comme les bleus ou les bruns, suivant le cas.

Dans ces opérations, on est toujours amené à varier la couleur de l'encadrement pour chaque épreuve ; et, par suite, aucune loi précise ne peut être dégagée.

b) Ton général de la marge. — Il faut choisir entre le ton foncé et le ton clair. Pendant quelque temps la marge sombre a été préférée systématiquement ; mais cette mode semble en train de disparaître ; elle fut sans doute le résultat d'une réaction marquée et justifiée contre la marge blanche. Il semble rationnel de réserver la marge sombre aux effets gris et enveloppés, une bordure montée de ton faisant bien ressortir la délicatesse des gris. Mais toute épreuve vigoureuse, aux noirs profonds, gagnera à se détacher d'une ambiance claire.

c) **Largeur de la marge.** — Peu de chose à dire ; rappelons seulement la règle connue qui veut une marge d'autant plus large proportionnellement que le format de l'épreuve est plus réduit.

d) **Succession des tons.** — Pour encadrer il suffit, à la rigueur, de deux papiers ; mais on va, en général, jusqu'à trois *(fig. 2 et 3)* ou même quatre *(fig. 1)*. Les tons ne doivent pas se suivre par rang de vigueur. Ainsi, désignant les tons par les chiffres 1, 2, 3, 4, — 1 représentant le ton le plus clair, 4 le plus foncé — leur succession à partir de l'épreuve ne doit pas être 1, 2, 3, 4 ni 4, 3, 2, 1, mais, par exemple, 4, 2, 3, 1 *(fig. 1)* ou 1, 2, 4, 3. Dans la marge à combinaison triple, on trouve de même les combinaisons 1, 3, 2 *(fig. 3)*, ou 2, 1, 3 *(fig. 2)*, ou 3, 1, 2 ou 2, 3, 1, à l'exclusion des combinaisons 1, 2, 3 ou 3, 2, 1. On placera, immédiatement après la figure, tantôt le ton le plus clair *(fig. 3)* si l'on veut faire valoir surtout les noirs ; ou bien un ton foncé *(fig. 1)* si on veut faire ressortir les blancs ; ou bien *(fig. 2)* un ton intermédiaire entre les deux valeurs extrêmes qui se trouvent dans le motif.

e) **Succession des marges secondaires.** — Dans la bordure à combinaison multiple on distingue d'abord la marge extrême qui sera la plus large, en principe ; puis, entre elle et l'épreuve, on placera : soit un filet et un plat *(fig. 2 et 3)*, soit un filet et deux plats de largeurs nettement différentes *(fig.1)*, soit encore deux filets et un plat.

Dans l'encadrement classique la marge inférieure doit être plus grande que la marge supérieure; si le motif se présente en hauteur, les deux marges de côté seront égales à la marge supérieure *(fig. 3)*; s'il se présente en largeur, les deux marges de côté seront égales à la marge inférieure *(fig. 2)*. Les exceptions à ces règles doivent être motivées.

Tous ces encadrements seront heureusement complétés par un bois très étroit dont la tonalité doit trancher nettement, mais sans excès, sur le ton général de la marge. Ainsi l'on mettra aux marges claires un cadre blanc; aux marges moyennes, un cadre de bois naturel ou faiblement teinté; aux marges sombres, un cadre teinté fortement, ou même noir.

Disons, pour conclure, que notre intérêt bien entendu nous conseille d'utiliser des cadres très simples et, chaque fois que la chose sera possible, des encadrements de tonalité claire. En raison de la continuité du modelé, l'image photographique est partout couverte par le pigment, et les blancs y sont rares. De là des ensembles moroses et sévères; mettons dans nos cadres un peu de cette clarté qui fait défaut à nos œuvres, surtout quand elles se pressent sur les murs trop étroits d'une Exposition.

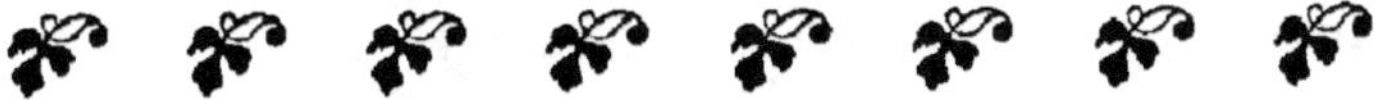

TABLE DES MATIÈRES

LA REVUE DE PHOTOGRAPHIE

3e ANNÉE

Publication mensuelle de grand luxe paraissant le 15 de chaque mois.

Publiée par le PHOTO-CLUB DE PARIS

Comité de Rédaction :

P. Bourgeois. — M. Bucquet. — R. Demachy. — E. Mathieu. C. Puyo. — E. Wallon.

L'organe le plus complet de la Photographie dans toutes ses applications, illustré de nombreuses planches dans le texte et hors texte.

CONDITIONS D'ABONNEMENT

Paris	Un an.	**15**	francs.
Départements	—	**18**	—
Étranger	—	**22**	—

Prix du Numéro : **1** fr. **50**

Les années 1903 et 1904 sont en vente au prix de **20** *fr. le volume*

RÉDACTION ET ADMINISTRATION

Au Photo-Club de Paris, 44, rue des Mathurins

DÉPOT POUR LA VENTE AU NUMÉRO

Librairie HACHETTE et Cie,

79, boulevard Saint-Germain. Paris.

PARIS. — IMPRIMERIE CHAIX. — 11902-4-04. — (Encre Lorilleux).

www.ingramcontent.com/pod-product-compliance
Lightning Source LLC
LaVergne TN
LVHW020028170826
845678LV00001B/166

9782329770628